僕に居場所をくれた
スケートボードが、
これからの世界のために
できること。

Contents

まえがき

スケボーに助けられ、人生が変わった

皆さんはスケートボード、スケボーという言葉を聞いて、どんなことをイメージしますか？全くスケボーに触れたことがない人なら、もしかすると「不良の遊び」という言葉が真っ先に思い浮かぶかもしれません。

スケートボードは1940～50年代にアメリカのカリフォルニアでサーフィンから派生し、波のコンディションが悪くて海に出られない時のトレーニング用として誕生したといわれています。発祥当時は、歩道や公園を滑るスケボーは人々にあまりいい印象を持たれていなかったそうです。その後も、スケボーは若者が社会への反発を表現するためのカウンターカルチャーとして広まっていったため、長い間一般社会からは理解されにくい遊びとされてきました。今でこそ、アメリカのいたるところで日常の移動手段としてスケボーに乗る人を見かけるようになりましたが、現在のように浸透するまで、何十年もの時間がかかっていることになります。

一方、日本にスケボーが入ってきたのは1970～80年代のこと。アメリカと比べると30年ほど遅かった日本では、今でもスケボーに乗る人、つまりスケーターは「不良」というネガティブな印象を持たれることも多いのではないかと思います。僕はこれを実際の出来事を通して感じたことがあります。

市民権を得ていない日本のスケーター

数年前、僕は東京駅で警察官に職務質問をされました。スケボーをある程度長くやっている人なら分かるかもしれませんが、スケーターは「職質」を受けることがすごく多いです。今でも月に一度は必ず職質を受けますし、ひどいときは週1回から2回のペースで受けます。警察官に理由を聞いたこともありますが、決まって返ってくるのは「スケボーを持っているから」という言葉でした。そんなわけで自分にとって職質はある意味日常。その日も「ああ、またか」程度の軽い気持ちでいました。もちろん捕まるようなものは何も持っていないので、言われるがままバッグの中身を見せました。ところがその日は、いつも持ち歩いているスケートツール[※1]の入ったケースを開けた瞬間、警察官の顔色が変わったのです。

「これは何？」という警察官の手に握られていたのは、カード型のマルチツールの中にあった、刃が4㎝くらいのミニナイフでした。これはスケボーに貼ったグリップテープ[※2]の余りを切るためのものです。スケボーデッキ[※3]は消耗品で、よく滑る人やプロスケーターなら1週間に1回くらいデッキを交換します。デッキを換えればグリップテープも新しく貼ることになるので、カッターナイフなどの小さな刃物はスケーターにとって〝日常的に使うモノ〟なのです。まさかこれが問題になるとは思わなかった僕は、内

※1　スケボー各部のボルトやナットを調整する専用工具。
※2　滑り止めのためにスケボーの板の部分（デッキ）の全面に貼る、紙ヤスリの裏に粘着テープを付けたもの。
※3　スケボーの板の部分のこと。

心びっくりしながらも使い道を説明しました。すると警察官は「10分で終わるから一度交番で詳しく話を聞かせてほしい」と言いました。繰り返し説明しても平行線なので仕方なく同行することにしたのですが、これが失敗でした。交番に入ったら出られない状況になり、その後パトカーに乗せられて所轄の警察署へ連れて行かれることに。取調室に入れられて、そこでも何度も何度も使い道を説明したのですがわかってもらえず、気づけば6時間経過……。最終的に「軽犯罪法違反」と言われ、もう少しで書類送検されるところまで話が進んでいました。その後、家族や弁護士に電話をして、なんとか書類送検は免れたのが、不幸中の幸いでした。

この、「どこにでも売っていて、誰でも持ち歩く可能性があるカッターナイフ」がどうして軽犯罪法違反になるかというと、法律的には「はさみやカッターナイフ等の文房具でも、正当な理由なく、すぐに使用できる状態で持ち歩いていると取締りの対象となる」ということでした。僕としては「スケボーのグリップテープを切るため」という理由は正当なものだと思うのですが、それは聞き入れてもらえませんでした。

オリンピックの正式種目に選ばれたスケートボード

僕がカッターナイフを持っていたことで前科がつきかねないことはもちろん、日常的に職務質問を受けていること自体が、スケボーとスケーターが日本でまだまだ市民権を得ていないことを象徴している出来事だと僕は思います。

後日、この一件についてニューヨーク・タイムズの記者と話す機会がありました。するとタイムズ紙に「日本は『スケボー』になぜ厳しい？　メダル有力でも〝悪ガキの遊び〟…」というタイトルで、僕の事件に触れた記事が掲載されました。

記事では、スケボーの自由なライフスタイルと日本の国民性が対極にある、と書かれていました。日本人は人に迷惑をかけてはいけない、社会に馴染んで生きなくてはいけないと教えられている。アメリカに比べて道も狭く、街中での移動手段としてスケボーを使うのが難しい日本では、スケボーが普及すればするほど逆に規制が厳しくなる。オリンピックの正式種目に選ばれた影響で普及したとしてもスポーツとして広まるだけで、スケボーのライフスタイルやカルチャーの部分が広まるとは限らない、と指摘されていました。

僕は東京オリンピックでスケボーのイメージが変わり、日本にスケートパークが増えることや、スケボー人口がさらに広がることを期待しています。しかし、ニューヨーク・タイムズ紙に書かれていたように、スケボーがひとつのカルチャーとしても、自由なライフスタイルのひとつとしても受け入れられるのにはまだまだ時間がかかるとも思っています。「和」を大切にする国・日本の街中では、スケボーはプッシュ※4での移動さえ「うるさくて危険なこと」であり、スケボーカルチャーの本質のひとつであるストリートスケートにいたっては、なおさら理解されることは難しいでしょう。「スケーターは怖い」「スケーターは反社会的だ」というイメージを持っている人は、多分スケーターたち自身が考えているよりはるかに多いのではないでしょうか。

僕が「スケボーYouTuber」として活動している大きな理由のひとつには、この「誤解」をな

※4　デッキの上に片足で立ち、もう片方の足で地面を蹴って前へ進むスケボーで最も基本的な動き。街を移動する際にも使用する。

んとか解くことができないか、という思いがあります。完全には変えられないまでも、いろんなスケボーのスタイルがあって、いろんなスケーターがいることをわかってほしい。そして、スケボーが文化的な背景はもちろん、時には人を救う力さえもった奥深い遊びであることを知ってほしい。なぜなら僕自身が、スケボーに出会ってスケボーに助けられ、人生が変わったからです。

この本では、どのような出来事を経て、僕の人生がスケボーによって変わっていったのかをお話ししながら、こんなにもスケーターを惹きつけるスケボーの魅力の本質とは何なのか、そしてそのスケボーを心から愛するスケーターとはいったいどういう人種なのか、そしてなぜスケボーとそのライフスタイルを広めていきたいか、そんなことをお伝えしたいと思っています。

この世の中には、スケーターよりももっとひどい偏見の中で生きづらさを感じている人たちが、たくさんいると思います。スケボーを手に持っているだけで偏った目で見られるスケーター。まずこの些細な「違い」が単なる違いとして理解されるようになり、スケーターとそうでない人がお互い共存できるようになること。それが、全ての人が偏見なくのびのびと暮らせる世の中への第一歩になるのではないか、と思うのです。

CHAPTER 1
不登校だった僕に、スケボーが居場所をくれた

CHAPTER 1

不登校だった僕に、スケボーが居場所をくれた

居場所がないハーフで帰国子女の小学生

僕は日本人の父と、チェコ人の母との間に生まれました。生まれ故郷は大阪ですが両親ともに転勤族だったため、1歳から3歳まではハンガリーで暮らしました。その後、一時期大阪へ戻るも、小学校低学年の時に今度はドイツへ移り住むことに。ドイツではインターナショナルスクールに通っていたのですが、6年生が始まる時に父の転勤で大阪へ帰ってきて、今まで日本で暮らし続けています。

日本に引っ越し、小学校を卒業するために大阪のある公立小学校に編入した僕は、そこでカルチャーショックを受けることになります。それは校則というルールです。校則があることが良いとか悪いとかではなく、それまで通っていたインターナショナルスクールには校則などは一切なかったので、ある程度厳しい日本の小学校ならどこでもあるような校則に、純粋なギャップと息苦しさを感じてしまったのです。

なかでも僕が最も馴染めなかったのが制服です。転入した小学校には制服があり、その着方にまで厳

しい決まりがありました。インターナショナルスクールでは服装はおろか髪の色でさえ自由だったので、「同じ小学校なのにどうしてこんなルールがあるんだろう」と、当時の僕はルールを守る守らない以前に「制服を着る意味ってあるのかな」と、その〝理由〟を考えてしまいました。それに加えてあと一年で卒業というタイミングでの編入だったので、わずかな期間のために理解できないものを買う必要もないと考え、制服を着ることなく私服で登校していたのです。

学校の先生たちには理由を話したもののあまり理解は得られず、クラスメイトからは「なんでお前だけ制服を着ないんだ?」と非難されるようになりました。最初はあまり気にしないようにしていましたが、ハーフの帰国子女で、当時はまだ日本語もうまく使いこなせていなかった僕は、そのうち「外人」と呼ばれるようになり完全にクラスの中で浮いた存在になってしまったのです。それからは、どんどん同級生からの風当たりが強くなり、最終的にはいじめにまで発展していきました。

先生たちも僕の受けているいじめについて特に対処することはなく、僕にとって学校という場所は「理由のない規則を押し付けられて、それを理解できず同じことができない人間は迫害される」という、個人の考えが尊重されることがない、なんの面白さも感じられない場所へと変化していってしまったのです。

そうなってからの僕の毎日は、学校生活に引けを取らず退屈なものでした。いわゆる不登校児童になってしまった僕は、一日中家の中で過ごす生活を送るようになりました。当時、母は仕事でチェコへ行ってしまっていて不在で、父も日中は仕事、3歳上の姉も通学に2時間半かかる中学校へ通っていたため、朝から夜になるまでずっとひとりの毎日です。学校に行っても居場所はないし、家でもひとりぼっち。誰かと時間をともに過ごせる場所を「居場所」と呼ぶのであれば、その時の僕には安心して毎日を過ごせる所は学校にも家にもありませんでした。

おもちゃでない、本物のスケボーとの出会い

何の充実感もなく毎日を無駄に過ごしていた僕の生活に、変化が訪れたのはクリスマスの日のこと。両親からクリスマスプレゼントとして渡されたものは、やけに長くて大きな箱でした。ドキドキしながらラッピングを破って現れたのは新品のスケボー。ダークスターというブランドのコンプリートデッキ[※1]でした。これが僕と「本物のスケボー」との初めての出会いです。

なぜわざわざ「本物の」と付けるかというと、実は僕のファーストデッキは別のスケボーで、それはもっと小さい時に買ってもらった3000円くらいのものでした。おもちゃ屋さんで売られていたそれは、ウィール[※2]がぜんぜん回らなくて板も弾かない、つまり「やっすいやつ」でした。それに比べると、このコンプリートデッキは全然別物です。デッキを置いて恐る恐る上に乗れば、そのまま滑って転んでしまいそうになるほどスムーズにウィールが回り、片足でテール[※3]を弾いてみると小気味いい音とともに勢いよくノーズ[※4]が跳ね上がってきます。トラック[※5]もブッシュがちゃんと効いていて、体重をかけた分だけ傾いてしなやかに動いてくれそうです。この二つの違いは本当に感動もので、一本説明用の動画が撮れてしまうくらいです。おもちゃのスケボーと本物のスケボーの違いは動画でも詳しく説明しているので、時間があったらぜひ見てみてください。

※1　スケボーに必要なパーツが全て組み込まれて販売されている完成品のこと。
※2　スケボー用のタイヤ。多くはウレタン製で、材質の硬さやサイズなどスケボーの用途によって様々な種類がある。
※3　スケボーデッキの後端にある丸い部分のこと。
反り返っており、強く踏んで板を弾くとテコの原理でデッキが宙に浮く。
※4　スケボーデッキの前端のこと。
※5　デッキとウィールを繋ぐT字型の金属の部品。デッキへの荷重でT字型の部分が可動しスケボーが左右にターンする。
ブッシュは可動部に内蔵されたゴムのパーツ。

特にスケボーをねだっていたわけではありませんでしたが、以前からジェイボード[※6]で遊んだり指スケ[※7]で遊んでいたので、両親が二人で話してスケボーがいいんじゃないかと選んでくれたんだと思います。当時、ずっと家にいる僕を両親は叱ることなく黙って見てくれていましたが、今にして思えば、何か打ち込むことがあればと気にしてくれていたんでしょう。

ハーフでも、帰国子女でも、不登校でも関係ない場所

さて、こうして現在も続く僕のスケーターライフは、両親からプレゼントされたスケボーとともにスタートしました。

記念すべきファーストライドはほとんどの人と同じように、自分の家の前。初めてスケボーに乗った時の感想は、正直なところ「こんなの乗りこなせるようになれるわけない……」というものでした。簡単そうなプッシュでさえ、片足でスケボーの上に乗りながら地面を蹴るには体の重心を意識しないと簡単によろけてしまいます。これはバランスの問題なので頭で意識できてもそれをすぐに再現することはできません。慣れるしかないと思い家の前の道をずっとプッシュで往復していました。

当時の僕にとってのスケボーの先生は、海外のYouTubeのハウツー動画。それを見ては繰り返し練習するという日々が続きました。特に時間をかけていたのはオーリー[※8]で、毎日何時間も練習するうちにほんの2～3センチですが少しずつ跳べるようになっていったのが本当に嬉しかったです。

そんなある日、いつものようにYouTubeを見ていると、あるトリック[※9]に僕の目は釘付けになり

※6　J.D. Corporation社が販売しているスケボーに似た遊具。
※7　「フィンガースケートボード」の俗称。ミニチュア版のスケボーを指で操り、本物同様のトリックが可能。大会もある。
※8　ジャンプしながら後ろ足でデッキのテールを地面に叩きつけるように弾くことで板を浮かし、その後、前足でデッキを擦り上げることによって板を宙に浮かすトリック。
※9　スケボーの技のこと。

おもちゃのスケボーと本物のスケボーの違い
20,000円 VS 1,500円のスケボー！何が違う？比較してみた！

ました。オーリーした後に空中で板をつま先で一回転させて、また板の上に乗る。シンプルだけど華麗なキックフリップのあまりのかっこよさに僕は一瞬で心を奪われたのです。「スケボーってこんなことができるんや。こんなんできたら、もうスケボーをやめてもいい」とさえ思いました。それからはキックフリップが僕の憧れ。オーリーさえまだできていないのに、見よう見まねで板を回そうと一生懸命練習していました。

スケボーを手に入れてから最初のうちは毎日ずっと家の前で練習していましたが、なかなか思うように上達しませんでした。そんな僕を応援し続けてくれていた両親がある時、「スケボーのスクールに通ってみたら?」と提案してくれました。当時はまだスマホも持っていなかったし、YouTubeにも今ほど詳しいハウツー動画がなかったので、全部独学で練習するしかありませんでした。両親としては、そこで学校とは別の友達ができるかもしれないと考えたのかもしれません。いずれにせよ、スケボーが上手くなりたかった僕にとって、その提案は願ってもみないこと。二つ返事でスケボースクールに通うことになったのです。

僕が通ったのは、ムラサキスポーツが主催していた1回500円で受けられるスクールで、レッスン場所は大阪府泉南市にある「ミニミニスケートパーク」という室内パークでした。ここにはフラットスペース以外にもランプ[※10]やバーチカルがあって、その日も何人かのスケーターが思い思いに練習していました。初めてのスケートパークに、初めてリアルで見るうまいスケーターたち。すごく興奮したのを今でも覚えています。

このパークは家から父の職場へ行く途中にあったこともあり、何回かスクールに通った頃から、家の

※10 両側にアールがついていて、その間を往復できるスケボー用の設備。
小さいものは「ミニランプ」、大きいものは「メガランプ」、大型でアールが垂直に近いものは「バーチカル」など、サイズや形状によって呼び方が変わる。

前で練習するよりいいということで出勤する父の車に同乗して通うようになりました。聞くと、オーナーが自分の子どものために造ったスケートパークで、息子は現在プロスケーターとして活躍している中谷《なかたに》太紀《たいき》くん。僕と同い年なのにすでに高いスキルを持っていて正直ちょっとショックでした。でもそれより驚いたことは、学校の同級生たちと全く違って、太紀くんは僕が帰国子女だということやハーフということはもちろん、学校に行っていないことすらも全く気にせず普通に接してくれたことです。それまでは海外に住んでいたということだけでイジられる対象になっていた僕にとって、同じ日本の小学生でもこんなに反応が違うのかという驚きは新鮮でした。でも、これは何も太紀くんだけのことではなく、パークにいるほかの常連と接していくうちに、「スケーター」という人たちに共通する感覚なのだということに気づいたのです。

ミニミニスケートパークに当時いた人たちは、みんなそれぞれ全く似たところがない、個性の塊みたいな人たちでした。年齢も違えば職業も違う、服装や見た目はもちろん違うし、話していると価値観も全然違う。一点共通しているとしたら、「その違いを単なる違いとしてお互いを尊重し認め合っている」ということだけ。言葉ではうまく表現しきれませんが、全てに対して否定的に受け取らず、ポジティブに受け止めてもらえている、そんな感覚があったのです。

日本に来てからの出来事で、自分のことをあまり人に話す気になれなくなっていた僕にとって、スケートパークとそこにいるスケーターたちは、何でも受け入れてくれるどこよりも居心地の良い場所であり、そこで出会う人たちは、家族以外では初めて抵抗なく自分を表に出せる「仲間」になりました。

後日わかることですが、これはミニミニスケートパークだけが特別だったわけではなく、他のどの街のどのパークに行っても変わることはありませんでした。もちろん、世界中の全てのスケーターがそうだというのは乱暴だし難しいかもしれませんが、少なくとも僕の経験上、真っ向から人を否定したり差別したりするスケーターに出会ったことは一度もありません。なぜスケーターがこうした多様性のあるスタンスを持っているのか、それはスケボーというものの本質に関係してくるのではないかと考えています。

スケボーは個人でやるスポーツで、練習しているトリックもその人その人で違えば、目指しているスケボーのスタイルも人それぞれです。これは一般のスケーターだけではなくプロでも同じで、世界のトッププロのスタイルはみんなバラバラ。これが正解というものはひとつもなく、むしろ「人と違う自分だけのスタイル」や、誰もやったことがない新しいトリックを作り出したクリエイティブなスケーターが評価される世界なのです。だからスケーターにとって人と違うことは何も恥ずかしいことではなく、自分だけの強みとして生かしていくべきものという感覚が無意識にあるのではと思います。

それからの僕にとって、パークへ通うことは学校へ行くことの代わりとなり、毎日の日課となっていきました。当時僕はまだ何もトリックができませんでしたが、常連のメンバーや太紀くんがすごく面倒見よく教えてくれるので、朝から夜までずっと練習。それほどスケートパークが僕の日常の居場所になっていきました。今にして思えば、その当時の僕は技を練習したりスケボーをすることが楽しいというよりも、パークのコミュニティそのものや、そこにある自由な空気が心地よくて通っていたんだと思います。学校でもなく家でもない「サードプレイス」ともいえる場所で、人と過ごすことが楽しくてたまらなかったのです。

この時感じたスケボーコミュニティの原体験が、今の僕の活動のベースになっていると思います。

何度もトライし、成功したときは全員で大喜びする

小学校時代はスケボー三昧の生活を送っていた僕ですが、スケートパークに行くことそのものが目的だったこともあり、当時はあまりトリックを覚えることなく過ぎていきました。もちろんパークに行けばうまいスケーターはたくさんいたので、「これどうやってやるん?」と気軽に聞ける環境だったし、実際親切に教えてくれたので練習もしていましたが、この場所では技術よりもスケボーの自由さやクリエイティビティを学んだ気がします。

例えば、ある年上のスケーターはパークに来てもスケボーをせずにずっと指スケをしていました。最初は「なんでパークに来てまで指スケなんだろう?」と不思議に思いましたが、思えば自分もパークのコミュニティ感が好きで来ているわけで、彼との違いはスケボーしているか、指スケしているかだけの違い。そう考えると何も不思議なことはなく、彼はパークで指スケをする時間が好きなだけなのです。もちろんそれについて誰も否定しなかったので、スケートパークはこういう自由な使い方もアリということ。

このミニミニスケートパークは太紀くん一家が造った個人経営なので、決して大きなパークではなかったし、セクション[※11]も木材で手作りしたものが置いてあるだけというものでした。普通に考えるとコンクリートで作られたしっかりしたセクションがあるパークの方が良さそうに思いますが（もちろん

※11 パークの中に置かれていたり、ストリートで見つける、スケボーで滑るための障害物や起伏のこと。

それも良いのですが)、こちらの良さは自分たちで自由にセクションの配置を変えることができること。フラットスペース[※12]にバンク[※13]とかボックス[※14]を自由に置いたり組み換えたり、創意工夫しながら毎回新しい方法で楽しむことができるのです。プロスケーターの動画を見ているとわかりますが、ストリートスケートのスポット選びも同様で、どのスポットでどんなトリックを撮影するか考えるところから始まり、さらにトリックひとつとっても前後に組み合わせる技を変えるだけで、数えきれないほどのバリエーションが生まれ、そこにスケーターそれぞれの個性が出ます。さらにファッションやトリックの癖なども加わって、それらの全てでスケーターは自己表現します。このパークにいたスケーターたちも同様で、自分たちの考えたセクションの置き方に対してそれぞれが思い思いのトリックでトライし、失敗した時は何度も何度も挑戦し、成功したときは僕も含め、その場にいる全員で大喜びする。見ているだけでも楽しくなるほど、みんな夢中になってトライしていました。他のスポーツにないスケボーの大きな楽しみのひとつはこのクリエイティブな部分と、それを仲間と共有できることだと僕は思っています。このミニミニスケートパークでスケボーならではの自由さや醍醐味、スケーターという人種の楽しみ方や日常を感じられたことが、今もスケボーをライフスタイルとして続けることができている大きな理由のひとつだと思っています。

いわゆる「オーリーの壁」にぶち当たる

こうして小学校時代を終えた僕は、姉と同じ関西学院千里国際中等部へ入学しました。ここはドイツ

※12 セクションが置かれていない平らなスペースのこと。
※13 斜めに板を置いたような形のセクションのこと。
※14 箱型のセクションで、オーリーで乗ったり、板をスライドさせたりして使う。カーブボックスとも呼ばれる。

のインターナショナルスクール同様、帰国子女やユニークな個性の持ち主も多く、僕にとっては居心地がよい環境でした。家から通学に2時間半かかるため入学を機に引っ越し、ミニミニスケートパークにはなかなか行けなくなりました。当時は学園生活そのものが充実していたので、パークに行かなくても特にさびしさはありませんでした。スケートパークに行かなくなって周りにスケーターもいなくなったことで、必然的にスケボーに触れる時間は少なくなっていきました。

教えてくれるスケーターが周りにいなくなったことで、いわゆる「オーリーの壁」にぶち当たったのも中学1、2年の頃のこと。意外に思われるかもしれませんが、僕はスケボーの成長は本当に遅いほうです。事実、小学生時代から始めていたオーリーもまだまだマスターというには程遠いものでした。オーリーができない代わりに、並行してショービット※15系の技を練習していたくらいです。ですが、いよいよ本格的に立ち向かう覚悟を決めました。何しろ僕の当時のスケボー終着地点は「キックフリップ」。オーリーがマスターできなければキックフリップは絶対できないので、ここでつまずいているわけにはいかなかったのです。オーリーの練習方法は、地面に置いたペットボトルを越えられるまでひたすらオーリーし続けるというもの。来る日も来る日もひとりで黙々と練習していました。参考にしていたのは海外のYouTuberのハウツー動画。当時はまだ日本語のハウツーはあまりありませんでしたが、幸い僕は英語が理解できたので、それを観ながら、何百回、何千回と繰り返しテールを叩いていたのを覚えています。オーリーには本当に苦労しました。少し上手くなったと思えば、今までできていたことが急にできなくなったりと、一歩進んで二歩下がる日々を繰り返す果てしない道のりに、たくさんの人がここで挫折してしまうのがよくわかりました。ずっとオーリーだけをしていると煮詰まってくるので、たまに

※15 デッキのテールを横にしゃくるようにして180度回すトリック。
派生したトリックに、板を弾きつつ回すポップショービットや、360度回すビッグスピンなどがある。

違うトリックを練習しながら同時並行でオーリーも練習して、なんとかぼちぼちできるようになったという感じです。そんなわけで実は今でもオーリーはそんなに得意なほうではないです。

上達の一番のハードルは恐怖心

オーリーの次はいよいよ憧れのキックフリップです。キックフリップの原理は、オーリーで跳ね上がってきたノーズを足のつま先で払って一回転させるというもの。オーリーができれば後はつま先の使い方だけなので簡単……と思いきや、これがオーリー以上に難しく、そこからさらに時間がかかりました。

スケボーをしている人ならわかると思いますが、技をマスターするのは本当に大変です。かける時間次第でもありますが、オーリーひとつをとっても僕のように2年や3年、中には5年以上かかる人もいます。上達の一番のハードルは何といっても恐怖心です。これが他の多くのスポーツと大きく違う点だと僕は思います。野球初心者がバットでボールを打てないことはあっても、ボールを打ちに行くことが怖いということは少ないのではと思います。でもスケボーの場合、まず車輪の付いた不安定な板の上に乗るところから始まり、それだけでも怖いのにさらにその上でジャンプしたり、複雑な足の動きを加えたり……頭で考えるととてもできそうにないことをしなければなりません。さらに転んだ先にあるのはアスファルトやコンクリートの路面なので、誰でも怖くなるのは当たり前です。恐怖心があると大コケしないように意識するため、必然的に体の動きが小さくなって、トリックに必要な力が十分スケボーに伝わらなかったり、引け腰では重心も変わってしまって余計に危ないのです。それが理由で怪我をしたりするとさらに怖くなって動きが鈍る……といった悪循環のスパイラルに陥ります。

僕がキックフリップを練習していたときがまさにこれでした。小学生の頃に初めてキックフリップを見てから何年もの間、マスターしたいと思う気持ちと同じくらい、キックフリップに対する恐怖心も強かったのです。

怖いのは最初だけ

よく「一回転べば大したことないことに気づく」というアドバイスも聞きますが、その一回が怖い場合もあります。

そんな時に僕が取った方法は、「❶一度スケボーから離れる」「❷何かを賭ける」という方法でした。

❶にはリフレッシュ効果があります。離れるといってもその間もスケボーのことは考えているので、動画を見たりイメージトレーニングしているうちにまた意欲が湧いてきます。また、できなかった悔しさも思い出すので、そんな気分が最高潮に達した時にチャレンジすると、勢いに乗っているので恐怖心をあまり意識せずに思い切った動きができたりします。

❷は、「次ビビったら、今日は即、帰宅しないとアカン」とか、友達に「次ビビったら、ジュースおごるわ」というように、何かを引き換えに自分で自分を追い込んで強制的に体を動かす方法です。もちろんこのどちらの方法でもうまくいかないときはうまくいかないんですが（笑）、チャレンジし続けることが何より大事。そうして続けているうちに、少しずつトリックを成功させるために必要な筋肉がつ

いたり、少しずつ動きが矯正されてきていつかメイクできるようになる、ということだと僕は思います。そういう意味では「❸絶対にメイクするまであきらめない」ことが一番大事だと言えます。

そんなことを繰り返しつつめちゃくちゃ練習した結果、何とか板が回るようになってきましたが、それからも回転はしているのに乗りに行けないという状態が続きました。乗りに行かないといけないのはわかってるのに体が動いてくれないのです。そしてまた❶~❸の繰り返しが始まります。

自分の恐怖心に打ち勝つためにあの手この手を考えて、チャレンジを続けていたある日、奇跡が起きました。一体何が良かったのかそのときは夢中だったので全然覚えていませんが、何かの拍子に僕の体はくるんと回転した板の上によろつきながらも立っていたのです。動画を撮っていたのですぐに見返したところ、高さはもちろん出てないし、空中では板も斜めでしたがメイクはメイクです。

ついに3年憧れていたキックフリップをメイクしたこの時のことが、今までスケボーを続けてきた中で、一番嬉しくて、一番記憶に残って、一番達成感があった記念すべき瞬間です。それからしばらくの間は何をしていても楽しくて、ご機嫌そのもの。この喜びもスケボーならではのものじゃないかと僕は思います。

スケボーは「自分との戦い」という側面が強いスポーツだと思います。だからこそ自分の恐怖心に勝ってメイクした時の嬉しさはひとしおです。やる前は、板の動きも体の動きもどういうふうになるのか全く想像できないので未知の感覚への恐怖がありますが、一回乗れると案外こんなもんかと、意外と大したことないことがわかります。怖いのは最初だけでそれ以降は恐怖心がなくなるので、そこから先は練習を続けて精度を上げていくだけです。また、難しい分だけ、悔しいから諦めないという忍耐力がつく

Kickflip
first time

スポーツだとも思います。技ができるようになったときの達成感は本当にたまらないものです。そして自分の成長をまた体感したいから、再び頑張ることができるのです。

断言します。――続ければ必ずできます

中学3年生になった頃、僕の通う学校にスケボーブームがやってきました。周りのみんながスケボーを始めていく中で、僕はちょっとした経験者だったこともあり、一つ上の学年のスケーターたちと仲良くなりました。リョウタロウ、カイ、ミキオ、タツキそして自分を入れた合計5人の仲間は僕にとっては初めてできた身近なスケボーコミュニティ。ちょうど全員僕と同じようなスキルだったので、週末はずっとそのメンバーで練習し、それぞれの得意技を教え合ったりしながら、お互いのノウハウを共有して成長していけました。

小学生時代の僕にとってのスケボーは、コミュニティに属せないマイナスの状態をゼロに戻すためのツールとしての側面が大きかったですが、中学3年以降はゼロからプラスへ、コミュニティを広げるためのツールとしてスケボーが役立ってくれました。

クラスの同級生といる時間も楽しかったですが、スケボーの仲間は特に個性的な人が多く、自由な考え方の人が多いので、オープンに何を話しても「いいんちゃう?」という感じで、とてものびのびした良い関係を築けていました。半面、学校全体で見ればスケーターは当然マイノリティ。そのおかげで仲間意識も強く、みんなで一緒にスケボー頑張ろうぜみたいな連帯感もありました。この時の仲間内で付

けたチーム名が「チームＭＤＡ」。今の僕のチャンネル名のルーツは、当時の仲間たちと結成したスケートチームから来ています。

こんな環境もあって、中学3年生から高校時代は本格的にスケボーに打ち込み始めた時期でした。それに伴ってスケボーのスキル自体もそこから一気に上がって行きました。不思議なもので、念願のキックフリップをメイクして以降、恐怖心を自分で乗り越えた自信のようなものが芽生え、新しいトリックに挑戦することへの恐怖心をあまり感じなくなったのです。

スケボーは「オーリーをマスターすると一気に世界が開ける」という言葉をよく耳にしますが、思えばオーリーとキックフリップをマスターしたのはほぼ同時期なので、あの時が僕のスケボー上達の最も大きな節目だったのかもしれません。

人間にはマッスルメモリーというものがあるので、オーリーやキックフリップをこなせるようになったところに、ようやくスケボー用の身体が出来上がるのかもしれません。

それ以降は新しいトリックにチャレンジしても、頑張れば頑張っただけすぐ成果として返ってくるので、トリックをマスターすること自体がモチベーションになっていきました。もしオーリーやフリップで壁にぶち当たっている人がいたら、そこさえ越えたら全然違うスケボーライフがいきなり開ける可能性が高いので、ぜひ頑張ってほしいと思います。僕がそうであったように、諦めずに続けていれば必ずできる日が来ます。これは断言してもいいです。

CHAPTER 2
伝えたいのは、技でなく、スケボーのある日常

CHAPTER 2

伝えたいのは、技でなく、スケボーのある日常

仲間と初めて映像を作りあげた夏

中学校時代は、ちょうど動画とスケートボードが自分の中でひとつになった頃でもあります。YouTubeは、いち視聴者として昔から大好きで、小さい頃はよくアニメを観ていたし、小中学校時代は海外のスケボー動画を見ていました。また、自分が撮った映像を家族や友達などの自分の周辺以外の人、つまり世界へ向けて発信できるところに大きな魅力を感じていて、自分で撮影した動画をアップするために、中学1年の時に母に頼んでYouTubeのアカウントを取らせてもらったほどです。アカウントを取得してからしばらくは、指スケのハウツーをYouTubeへアップするために撮影していましたが、中学1年の頃から、自分のトリックのできていないところを確認したり記録するためにスケボー動画の撮影を始め、チームMDA結成以降はみんなの滑りを記録として撮影していました。

そんな中学3年の夏のある日、僕はみんなにあるものを見せながら、提案をしたのです。

「GoPro買ったから、今年の夏、映像一本作らへん?」

動画撮影は、スケボーを取り巻く様々なカルチャーの中でも重要なポジションにあります。プロスケーターはもちろん、アマもある程度のレベルに達すると、自分ができる様々なトリックを1本の映像にまとめる「ビデオパート」と呼ばれる作品を作ることがよくあります。スケーターにとっては自分のスキルを証明する唯一のものだからで、プロを目指す場合は、これがスケボーブランドにスポンサーになってもらう上で必要な判断材料にもなるため特に重要です。当時の僕たちの場合はもちろん前者。ひと夏の思い出とともに、今の自分たちのスキルを記録として残しておこうという意図でした。それで、自分たちの得意なトリックを夏の間にさらに磨いて、近所の公園を舞台にお互いGoProで撮影しあって、チームMDAの動画を一本完成させたのです。動画が出来上がった時の喜びはひとしおで、ひとつの作品を作り上げたことで仲間との連帯感も増し、小学生の頃パークで感じた時よりも、一層スケボーとコミュニティの素晴らしさ、仲間と過ごす時間の素晴らしさを実感することができるようになりました。

GoProという当時最新のアクションウェアラブルカメラを手に入れたことをきっかけに、僕たちは日本語のスケボートリックのハウツー動画をたくさん撮り始めました。自分がオーリーとキックフリップを練習していた時のことをお話ししましたが、当時ひとりで練習している時に僕が参考にしていたのは海外のYouTubeハウツー動画で、日本語の動画は数も少なく、わかりやすいものは多くありませんでした。僕は英語が理解できたのでそれでもよかったのですが、スケボーを始めたての日本のスケーターには英語が理解できない人もたくさんいるだろうし、周りにスケボーができる人がいるとも限らない。そんな人たちが参考にできるハウツー動画があった方がいいと考えたのです。

そんなふうに思うようになったのも、当時の僕が仲間たちとの充実したスケートライフのおかげで、

MDAskater Presents
- STREET SKATEBOARDING
2015 SUMMER

「こんなに毎日が楽しくなるスケボーを、もっと多くの人が始めたらいいのにな」そんなことを思うほどにまでスケボーにのめり込んでいたからだと思います。

たくさんアップしたハウツー動画の中で一番再生回数が伸びたのは、オーリーのハウツー動画。当時、他の動画の再生回数が50~60回程度だったのに対し、この動画は何万回も再生されて現在も再生回数を伸ばしています。初めて「バズる」という現象を体験し、ハウツー動画ってすごく需要があるんだということがわかるとともに、自分の考えは正しかったんだと嬉しくなったのを覚えています。

「金曜スケート」で日本のスケーターの日常を世界へ発信

高校に入ってハウツー動画を継続的にアップする傍ら、「金曜スケート」という、ハウツーとはちょっと趣の異なる動画シリーズをスタートさせました。「金曜スケート」とは文字通り、金曜日の放課後にスケボーをすることです。高校生なのでしっかりスケボーできる時間は金曜と週末だけ。放課後にプッシュで地元の公園に集まってみんなで滑る日常や、スケーターの日常によくあるシチュエーションをピックアップしてちょっとユーモアのある動画にしたり、みんなでゴハンを食べている動画を上げてみたり。スケボーそのものよりもスケーターのライフスタイルを見せることをテーマにしていました。

これは当時僕がすごく憧れていた、海外の有名なスケボーYouTuberのクリストファー・チャンという人の影響で始めた部分も大きかったと思います。彼はスケボーだけではなく、スケーターの日常的ライフスタイルを動画にしていました。それを見て日本の僕らはアメリカのスケーターはこういう

スケボー
HOW TO OLLIE オーリー
初心者用&高くする方法
Trick-Tip#1

生活をしているんだとイメージを膨らませることもできたし、そんな素敵な日常を与えてくれるスケボーをより一層魅力的に感じ、そんなスケボーをすでに始めていることにさえ、嬉しくてたまらない気持ちになれたのです。実際、高校生になったくらいの頃から「もうスケボーなしでは生きていけない」というメンタリティになっていて、放課後は用事がなかったら基本的に滑る……というか、滑りに行くとか行かないといった選択肢も思い浮かばないほどスケボーが習慣化していました。できれば通学もスケボーで行きたいくらいでしたが、校則がほぼなかった僕らの学校にも三つだけ公式NGとされていたものがあり、それが「ガム禁止」「薬物禁止」「スケボー禁止」でした。すごくピンポイントですよね（笑）。理由は、過去に学校内でめちゃくちゃスケボーが流行った時期があったそうで、自由な学校だっただけに階段とかでスケボーしまくった生徒がたくさんいたらしいのです（それはさすがにアカンやろ）。そんなわけで、学校へ行く時はスケボーを友達の家に隠して、放課後、その家に行ってスケボーを取って滑りに行くという日々。もう完全に一日中頭の中はスケボーですから、ライフスタイルですね。

また、クリストファー・チャンの動画で気づかされたのは、そんな彼の動画を日本の僕らが見て影響を受けているということは、日本での僕たちのライフスタイルもアメリカや世界の国に届く可能性があるということ。仮に世界は遠かったとしても、同じ日本でスケボーをしている人や、これから始めようとしている初心者の人に届く確率はかなり高いはず。また、初心者スケーターの多くはトリックが出来なくてスケボーをやめてしまう人も多いので、そんな人たちに、「そこまでスケボーの技ができなくても、スケボーがあることで楽しめるライフスタイルがあるよ」ってことを伝えるために動画にするようになりました。スケボーを一日体験しただけではなかなかわからないライフスタイルも、動画ならそれが伝えられるかなと思ったのです。これはおぼろげながらスケボーを世の中に広めていきたいと考えていた当時の僕にとって、新しい扉が開いた瞬間でした。

それからは毎週金曜日の放課後に撮影し、夜遅く帰って土曜日の朝編集、その日のうちにアップするというルーティーンを始めました。今アーカイブを見返すと、この頃は金曜スケート以外にも、プラスもう一本ハウツー動画などをアップしていたので、毎週2本。かなりの頻度で動画を投稿していたことになります。このくらい投稿数が多いとチャンネル登録者数や再生回数も順調に伸びていきます。そのうち視聴者の方からコメントを頂くことも増えていき、金曜までに前の週で頂いたコメントを全部読み、トリックのリクエストがあればそれを動画にするという流れができました。視聴者の方とのコミュニケーションもすごくうまく取れるようになっていったので、動画発信が面白くなっていったのを覚えています。当時はまだYouTube上だけでしたが、そんな視聴者からのリアクションがものすごく嬉しかったし励みになって、どんどん動画制作にもハマっていったのです。それに比例して「MDA」というグループ名も徐々に知名度が上がっていき、高校1年生が終わる時点でチャンネル登録者数もかなり増えていました。

日常的に友人ができるスケートパーク

大学進学で東京へ引っ越してきてからの4年間は、スケーターとしてもYouTuberとしても、大きく成長することのできた貴重な時間だったと思います。その両方に成長のきっかけを与えてくれたの

「チームMDA」の仲間たち。

は、やっぱりスケボーを通じて東京で知り合った新しい仲間たちの存在です。

上京して最初に僕がしたことは、スケボーの大会やイベントに積極的に参加して新たなスケーターの仲間を作ること。スケボーを楽しむためにも、ＹｏｕＴｕｂｅでスケボーの魅力を発信し続けていくためにも、仲間の存在は必須です。東京は全国からスケーターが集まってくる街で、その中でも都内で開催される大会やイベントは、同年代のプロやプロを目指すスケーターが一堂に会する場所。会場にはインスタなどで知っていた各地域のスケーターたちがたくさんいたので、自分からどんどん声をかけて知り合いになっていきました。

イベントよりも、もっと気軽に日常的に友人ができるのは、スケートパークですね。東京は大阪に比べても段違いにストリートスケートの取締りが厳しいので、スケーターの多くはパークで滑るしかありません。それはプロも同じで、東京のパークでは憧れのスケーターやＳＮＳでフォローしていたスケーターがすぐ横で練習していて、話しかければ知り合える確率がかなり高かったのです。動画によく登場するプロスケーターの石塚拓也くんや高萩 翼くん、松本 崇くん、池《いけ》 慧《け》野巨《やき》くん、スケーターでフォトグラファーの宮島 健くんと知り合ったのも、こうしたイベントやパークがきっかけです。

全国各地から集まってくるスケーターたちは、本当にそれぞれ個性豊かだし、いろいろな考え方を持っていて魅力的です。もちろんスケボーもものすごくうまい。彼らと一緒に日常を過ごす中で様々なことを話してきたおかげで、ＹｏｕＴｕｂｅ動画を使って発信したい内容の幅も格段に広がったし、自分よりはるかにレベルが高い彼らと一緒に滑ることで、個人的なスケボースキルも飛躍的に上がりました。スケボーをしている人で上京する予定があるなら、ぜひ都内のスケートパークに日常的に行くことをお勧めします。好きなプロスケーターの滑りを間近で見られるだけでなく、意外なほど友達になれる可能性は高いと思います。

板にただタイヤが付いただけのものではない

自分の中にあった「スケボーの魅力をもっと多くの人に伝えたい」という思いも、この頃からより明確な目標となっていきました。大学時代はハウツー動画よりも自分の1日の過ごし方を動画にしたり、仲間と過ごすパークでの日常をアップしたりと、スケボーのあるライフスタイルの楽しさを伝える動画を中心に作るようになり、ハウツーを作るにしてもスケーターが身に着けるファッションやスケートシューズの違いなど、YouTube上でもなかなか見つからないテーマを選んで動画にするようになりました。また、自分の周りにいるいろんなスケーターに話を聞くインタビュー動画を通して、スケーターの多様性や自由な考え方を知ってもらえる動画を作ったりと、スケボーにまつわる人、モノ、コトを動画に落とし込んで発信していくように。バリエーションに富んだ動画をアップするようになってチャンネル登録者数はどんどん伸びていき、ついに5万人の大台を突破。収益も自分ひとりなら十分生活していけるくらいになっていきました。

たまに質問されることなのでここでも書いておきたいのですが、僕はYouTubeのチャンネル運営を「仕事」にしようと思ったことは実は一度もありません。僕にとってのYouTubeは、動画作りという自分が興味のある方法でスケボーの魅力を発信できる「ツール」のひとつとして捉えているか

これがスケーターの生き方

らです。

もし僕に類稀なスケボーの才能があったなら、単純にスキルを磨いてトッププロになって、自分の滑りでスケボーの魅力を伝えられたかもしれません。でもそれは自分にはできないし、自分のやりたいこととも違う。これは僕がスケボーを始めたきっかけにつながることで、僕は純粋にスケボーが好きだから始めたというよりも、コミュニティに属することからスケボーを始めたスケーターです。そしてスケーター同士のコミュニティそのものに魅力を感じていたので、やはりその魅力を伝えることからスケボーを始める人を増やしたかった。また、それこそが自分にしかできないスケボーとの関わり方だとも思ったからです。スケボーは「ただの板にタイヤが付いただけのもの」ではなく、こんなふうにひとりの人間の人生を変えることもあるものなんだよ、ということをみんなに知ってほしかったのです。だから、まとまった収益が上がるようになったことよりも、単純に発信力を持てるようになったことの方に可能性を感じていました。

また、僕のチャンネル登録者数が伸び始めたのにはもうひとつの大きな理由があります。２０１７年にスケートボードがオリンピック正式種目入りをしたのです。スケーターにとっては大きな関心を引くニュースであったと同時に、スケボーをしない人たちからは一気にスケボーの認知が増えた瞬間でした。おそらくその前後でスケボーを始める人が多くなり、ＹｏｕＴｕｂｅでも検索され、僕のチャンネルに行き着いてくれたのではないかと考えています。思えばこの頃からにわかにスケボーブームの兆候が出てきたのではと思います。

LUCY
MUIRSKI
PDB
RAK

Photo by Ken Miyajima

YouTubeの枠から一歩踏み出した活動へ

「MDAskater」がある程度発信力を持てるようになったことと、大学生になって使える時間が増え、行動の自由度も増したことで、僕は自分の目標を実現させるために、YouTubeという枠から一歩踏み出した活動を始めることにしました。

まず最初に取りかかったのは、スケボーがあまり普及していない国にスケボーの魅力を広める目的で企画した「SkateAid《スケートエイド》プロジェクト」です。これはチームMDAとは別の中学時代からのスケボー仲間・椎名エバレット達弘くんと一緒に立ち上げたプロジェクトで、達弘くんも僕同様、インターナショナルスクールに小さい頃から通っていたため、常に外国のことを身近に考えることができ、国際問題に強い関心を持ち続けてきました。また、二人とも幼い頃からスケボーに親しみ、人生に影響を受けていたので、そんな僕たちならではの方法で外国に支援ができないかと考えたのです。

プロジェクトの内容は、貧困で満足にスケボーを楽しむことができない国の子ども達にデッキをプレゼントし、その楽しさを知ってもらうというシンプルなものですが、それをきっかけにいつかその国全体にスケボーが普及していけば、という意図もありました。でもそんな大きな目標よりも、まずは「スケボーという新しい体験」を子どもたちに提供したい、ということが一番でした。孤児院の子どもたちの場合、生活の自由度そのものがすごく低くて、毎日同じような生活を繰り返しているケースが多いです。そういう境遇にある子どもたちにスケボーという新しい体験を提供して、一日だけでも無心になって楽しい時間を過ごしてもらえれば、仮にその後スケボーを続けられなくても、一瞬でも「あの時乗ったスケボー、楽しかったな」という思い出さえ残ってくれれば、それだけでもいいなと思っていました。

僕自身、いじめという逆境に対してスケボーが救ってくれたという経験があるので、逆境にある子どもたちにとってスケボーが何らかの希望や楽しみになれば嬉しいし、スケボーにはストレス解消の効果があることがわかっていて、アメリカでは精神疾患を持った患者のセラピーとしてスケボーを勧めるケースがあるほどなのです。

また、そうやってひとつずつ種を植えていくことでいつか世界中のスケーターの数が増えれば、もっと自由で多様性のある世界ができるかもしれません。

クラウドファンディングで一度挫折

「SkateAidプロジェクト」の最初の目的地として僕たちが選んだのは、東南アジアでした。世界銀行の当時（2016年）のレポートによると、収入が一日US$1・9以下で「極度の貧困」とされる人々は世界中に7億6600万人いて、そのうち33%が東南アジア諸国の人々でした。そのため、経済的な理由から、親が子どもを養うことができず孤児院に入ることになった子どもが多く存在していることがわかりました。そんな東南アジアの貧しい地域では、スケボーにお金を使う余裕はもちろんないので一般に普及していません。ただ、スケボー自体に馴染みがないかというと必ずしもそうではなく、ミャンマーの孤児院にはただの木の板にウィールをつけただけのスケボーが置いてあったりと、スケボーを楽しみたいという気持ちがあることもわかってきました。つまり、スケボーはやりたいけど、満足に楽しめる状況が整っていないということです。

目的地が定まったところで問題になるのは活動資金です。YouTubeの収益だけでは渡航費さえも賄えませんし、計画では全部で20施設の孤児院や学校を巡り、各施設にひとつずつスケボーを配る予定だったので、デッキ1台1万5000円としても30万円が必要です。学生の自分たちの経済力だけではとても足りませんでした。そこでクラウドファンディングを活用してプロジェクトを立ち上げたのですが、結果は未達成……。目標金額100万円に対して22万8000円までしか集まりませんでした。

一度は挫折したSkateAidプロジェクトですが、諦めかけていたところに思わぬサポートが得られたのは半年以上経った2017年12月のこと。僕たちのプロジェクトに賛同してくれたアメリカのスケートボードカンパニー「Revive Skateboards」さんから、「デッキだけでもよければ援助するよ」と嬉しい申し出を頂いたのです。

全体の経費のうち、約15万円分が浮いたことをきっかけに、僕たちは再度クラウドファンディングに挑戦することにしました。再挑戦にあたり、改めて旅程を見直して当初1ヶ月見ていたところを2週間まで短縮。プロジェクト報告も兼ねた動画撮影をすることも考えると巡るペースはかなり慌ただしくはなりますが、それにより食費や宿泊費などその他の経費も約半分にすることができます。合計46万円まで下げた目標金額で再度募集をしたところ、見事達成。

世界の人にスケボーを知ってもらい、そして体験してもらい、笑顔を作ることを目標に、いよいよ「SkateAidプロジェクト」始動です。

「SkateAidプロジェクト」は、ミャンマー、ラオス、タイ、ベトナム、カンボジア、インド、ネパール、スリランカの8カ国10都市を3回に分けて旅しながら、各国にスケボーを広めるMDAskater始まって以来の大プロジェクト。ただし……旅費僅少の貧乏旅行なので、ある程度舗装がされていて距離も近ければ基本移動はスケボーです。もちろん観光が目的ではないし時間も限られているので、プッシュで街中を巡るこの時間が唯一の観光です。僕たちは家族が住んでいることもあり欧州諸国は馴染みがありますが、東南アジアはほとんど行ったことがありません。欧州とは全く異なる歴史や文化を背景に持つ色とりどりの街並みに、道いっぱいに行き交う車やバイク、たくさんの人々……見るもの全てが新鮮なエネルギーに満ち溢れていました。でも、そんな僕ら以上に驚いていたのは街の人々です。板に車輪がついた不思議な乗り物に乗ってすれ違う僕らを物珍しそうに見て歓声をあげたり、ちょっと乗らせてくれと話しかけてくれる人もいたりして、驚きながらも、スケボーに好意的で嬉しかったのを覚えています。

各都市では、事前に予定していた施設に加え、偶然通りがかって見つけた施設や各国に僅かにあるスケートパークも時間の許す限り訪問しました。

それぞれの施設で子どもたちを集めてスケボーに触れ合ってもらうのですが、プログラムはまず僕たちがスケボーを実演し、次に子どもたちに実際にスケボーで遊んで親しんでもらう、そして、持参したスケボーの寄贈という流れです。

広場に集められた子どもたちは、どこの施設でも最初は「何が始まるんだろう?」と不思議そうな顔でこちらを見ていることがほとんどでしたが、スケボー実演になると空気は一変します。

ミャンマーに
スケボーを
広める!
**SkateAid
1**

※1　踵でフリップ回転を加えるキックフリップの派生トリック。
※2　板を縦方向と横方向にそれぞれ360°回すトリック。
※3　オーリーで物を飛び越えること。

ショービット、オーリー、キックフリップ、ヒールフリップ[※1]、360°フリップ[※2]と、徐々に難易度の高いトリックを披露するたびに、最初は小さかった歓声がどんどん大きくなります。一番の見せ場として用意していたのはオーリーオーバー[※3]で、寝ている達弘くんの上をスケボーと一緒に飛び越えるというちょっとスリリングなもの。見事メイクすると、どの施設の子どもたちからも「わっ」と大きな歓声が上がり一気にスケボーに興味を持ってくれます。

見慣れないスケボーと、足にくっついてもいないのに宙に軽々と浮くトリックに目を輝かせる施設の子どもたちは、一見どこにでもいる普通の子どもたち。しかし、彼らは皆、各国の抱えている社会的な問題を体現する存在でした。

ある国では目まぐるしく経済発展する社会の裏側でインフレに取り残されてしまった貧困層の子ども、ある国では政府の社会福祉制度や教育制度の綻びからこぼれ落ちてしまった子どもたち、あるいは内紛による戦災孤児だったりと様々です。また彼らを保護し、養育する孤児院などの施設も、その多くは国からの援助もなく私財によって運営されていて、決してゆとりがあるとは言えません。

そんな彼らに今の自分たちの力でできることは、一台のデッキのプレゼントと、わずか2時間余りの時間しかありません。でも、ひとりでも多くの子どもたちに少しでも楽しい時間を過ごしてもらえればと、スケボー体験では時間が許す限り楽しんでもらいました。ほとんどの施設の子どもたちは、体験の希望者を募っても最初恥ずかしがってなかなか手を挙げてくれませんが、ひとりめの体験が終わると、決まって最初のおとなしさが嘘みたいに行列ができるほどの盛況ぶりになります。最後はみんなで見送りまでしてくれて、刺激のある体験を与えることができて嬉しかった気持ちとともに、こちらこそあり

ラオスに
スケボーを
広める!
SkateAid 1-2

カンボジアに
スケボーの魅力を
伝える!
SkateAid 2

インドで
スケボーを
広める!
SkateAid 3

がとうという感謝の気持ちに胸が熱くなったのを覚えています。

日本から学生が変なものを持ってやって来た

3回にわたる「SkateAidプロジェクト」で共通して感じたことは、ほとんどがスケボーを見たこともない子どもたちにもかかわらず、一回乗り始めたらすごく楽しそうにしてくれたこと。ちょっと転びそうになったら笑いが起きたり、トリックを見せたらすごく喜んでくれたり、みんなスケボーという新鮮な体験に対して純粋に楽しんでくれました。また、お互いに手を繋いで押し合って進んだり、倒れそうになったところを抱きかかえて助けたり、コミュニケーションツールとしてもすごく機能しているのが一番嬉しかった。それは僕らと彼らの間でも同様で、全く違う国で生まれた全く違う文化を持つ、世代も異なる人と人がスケボーを通じてほんの1～2時間の間で親しくなれるのです。現地の人たちからしたら、「日本から学生がスケボーっていう変なものを持ってやってきた」という感じだと思うんです。でもスケボーしたらすぐにアイスブレイクできる。仲良くなるのに出身地や言語、宗教は関係なくて、スケボーさえあれば人はつながれる。自分が感じていたスケボーの可能性を事実に裏付けられた貴重な体験でした。僕たちにそんな機会を与えてくれた「Revive Skateboards」さんや、支援してくださった方々には、この場を借りて改めて御礼を言いたいです。

このプロジェクトの終着地点のひとつとして、僕は今回巡った発展途上国にスケートパークを作ることができればと考えています。その最初の取り組みとして、ドイツのNPO団体と一緒に、まずはネパールにスケートパークを作ろうと計画しています。ネパールは国民性もすごく穏やかで、スケボーととても相性がよいと思ったので、スケボーを楽しめる場所が増えればその分だけスケボー人口も伸びると考えています。学校に行けない子どもたちはもちろん、ネパールのいろんな子どもたちがそのパークで仲良くスケボーができればこれほど嬉しいことはありません。

やりたいことをやり続けるために、やりたいことをやろう

「ＳｋａｔｅＡｉｄ プロジェクト」の途中で、僕はずっと前からやりたいと思っていたアパレルブランドの立ち上げに着手しました。ブランドを作った理由はたくさんありますが、大きくは二つ。一つはシンプルに昔からものづくりが大好きだったから。東京で知り合ったスケーターたちはすごくお洒落で、ファッションへのこだわりも含めて自分のスケボースタイルを追求している人がたくさんいました。彼らに影響されてファッションにもこだわるようになったこともあり、徐々に自分の中で「自分でデザインしたり生地を考えたりしながら洋服を作ってみたい」という思いが強くなっていったのです。

二つ目の理由は、「ＳｋａｔｅＡｉｄ プロジェクト」の資金調達です。東南アジア以外の地域への展開も含め、今後もプロジェクトを継続していくためには自分で資金を捻出できるようになる必要がありました。毎回毎回クラウドファンディングで支援を頂くわけにはいかないし、子どもたちに純粋にスケボーを体験してもらう今までの活動がフェーズ1だとしたら、パークを造ったりすることはフェーズ2。それ以外にもやりたいことはあるし、またさらに今後思いつくこともあると思います。そういった自分

の目標を実現していくためには、確かな方法で資金を稼ぐことが大切です。それを自分がやりたいことでできるなら、これ以上いい方法はないと思ったのです。

ブランド名は、自分のやりたいことや好きな言葉など何か意味のある言葉にしたいと考えていたのですが、今自分がしている全ての活動はもちろん、これからやりたい全てをぴったり言い当てる言葉がなかなか思いつかず、長いこと悩んだ結果、それならいっそ「岩澤史文」という僕個人を表す固有名詞、つまり名前が一番しっくりくるんじゃないか、ということで「SHIMON」に決定。また、始めた経緯からも、ブランド名の入ったタグには「SkateAid Supporter」という言葉を入れています。このブランドの収益はプロジェクトに使用するので、アイテムを買ってくださった方はみんなSkateAidの支援者ということになります。

どうせ作るなら洋服として機能性が高くて着心地の良いものを作りたかったので、デザインはもちろん、素材やパターンなどにもこだわりました。デザインは僕が担当していますが、全て我流なので、わからないところはグラフィックデザインができる友人や、アパレルブランドを立ち上げている友人にサポートしてもらいつつ、イメージを形にしています。生地や縫製などの仕様は、友人に信頼できる工場やブランドを紹介してもらい、納得のいくものが作れていると思いますし、これからも工夫を重ねて少しでも良いものにできればと思っています。また、今年（2021年）には、スケートシューズブランドの最大手で、世界で最も歴史が長い「etnies」とのコラボシューズも実現することができました。どんどんのめり込んでいって、今では資金調達で始めたことも忘れてしまうくらい楽しみながら作ることができています。もし気に入ったアイテムがあってプロジェクトに賛同してもらえるなら、ぜひ

購入して支援していただけるとありがたいです。

オンラインで解決する大人世代のスケーターの課題

パークにあるコミュニティに救われた僕は、カトマンズのスケートパークを作る目標と同様、スケボーを介して人と人が繋がるコミュニティを作りたいと考えていました。ただ、スケートパークのようなリアルなスペースを造ることは予算の面でもすぐにできることではないので、とりあえず、自分のチャンネルを見ていてくださっている方たちを中心としたオンラインサロン「ＳＨＩＭＯＮ」を立ち上げることにしました。

視聴者の方からいただいていたコメントの中には、「スケボーを始めてみたけれどコミュニティがない」という声が多くあり、特に社会人の場合は、一緒にスケボーをする仲間を自分の身の回りで見つけにくい状況があります。ハウツー動画などからトリックのやり方はある程度学ぶことができますが、一人ひとりのレベルに合わせたハウツーはありません。また、スケボースクールもほとんどが子ども向けなので、大人が気軽に参加できるものはなかなかありません。スケートカルチャーが好きで興味はあるけれど、学ぶ場所がない、つながれない。ひとりでパークへ行くのも勇気がいる……オンラインサロンは、「コミュニティ不足」という、スケボー初心者の多くが持つ課題解決方法のひとつになると考えたのです。

オンラインサロンはＳｌａｃｋとＦａｃｅｂｏｏｋ上で、メンバー間の親密度を上げるためにもクローズドなコミュニティにしました。ここではサロン限定の記事やハウツー動画が見られることに加え、メンバーの練習動画に対して直接アドバイスするライブ配信を毎週行うなど、配信者側からの一方通行の情報発信ではなく、僕とメンバーの相互間でコミュニケーションができる場としています。また、メンバーから寄せられたスケボーやスケートカルチャーに関する質問や相談内容に僕とメンバーたちで回答し合うなど、三者間でコミュニケーションすることも可能。もちろん定期的な練習会も開いていて、一緒にスケボーしたり交流したりとメンバー全員がリアルな接点を持てる場所にしています。

ベーシックインカムが伸ばすプロスケーターの可能性

僕のオンラインサロンはメンバーから毎月1000円頂いていて、この収益を使って「ベーシックインカム」を実験するプロジェクトをスタートさせました。ベーシックインカムとは、政府が国民に対して最低限の生活を送るために必要な現金を定期的に支給する社会保障制度のことで、最近では新型コロナウイルス感染症拡大の影響で所得が低下したり、不安定になる人が増えたことから世界中で注目されるようになった政策です。また、まだ安定した収入を得ることができていない芸術家にベーシックインカムを支給して、より創作活動に専念できる環境を作る目的で導入を検討されることもあります。実際にスケボーの聖地でもあるアメリカのサンフランシスコでは、市内のアーティストを対象に月1000ドルを支給するベーシックインカムの運用をスタートさせています。

僕がこのプロジェクトを始めようと考えた理由は、プロスケーターにベーシックインカムを支給してみたらどうなるのかという純粋な考えからでした。実は日本では、スケボーだけで生活できているプロはほとんどいません。海外のスケボーブランドの場合、輸入と販売は日本の会社が行いますが、宣伝は基本的に本国のブランド主導で行います。日本でも宣伝したいと考えているブランドは多いですが、日本のマーケットはまだまだ小さく予算がなくてできていない現状なのです。

そのため日本人のライダーは生活していけるだけのスポンサー費用を貰えることはほぼなく、みんなスケートショップで働いたり、アルバイトなど別の仕事をしたりして活動を続けていくしかありません。僕のスケボー仲間でプロスケーターでもある高萩 翼くんもそんなプロのひとりです。オンラインサロンでのベーシックインカムプロジェクトは翼くんの協力の下スタートしました。プロジェクト開始時点で、翼くんは大学生3年生。プロスケーターとして個人で活動していくか、就職するかの選択の間で揺れている状態でした。

翼くんの生活のルーティーンは、毎日大学に通いながらプロスケーターとしてのトレーニングと活動。さらにその間に月の生活費を稼ぐためのアルバイトです。この生活の中で、アルバイトに当てられる時間は月間30時間のみ。時給1000円だとしたら収入にして3万円しか稼げません。これでは生活に全く余裕がないため、少しでも稼ぐためにアルバイトの時間を増やそうと考えるわけですが、その一方でプロスケーターとして練習しないとスキルが落ちていく不安もあります。生活費は必要だけれど、トレーニングもマスト。二つを天秤にかけて悩む毎日だったのです。

プロジェクトではそんな翼くんに、オンラインサロンの収益毎月7万円を半年間支給して、プロスケーターとしての生活がどう変わっていくかをみんなで見守っていく形で進行していきました。7万円という金額設定は、大体7～10万円で設定されることが多い世界のベーシックインカム実験の金額にも合致していました。7万円は「スモールベーシックインカム」と言われ、「これだけでは生活できないけれど、プラスとして考えると大きい」というちょうどいい金額感。この7万円が支給されることによって、翼くんは徐々にバイトを減らしていき、浮いた時間をスケボーに費やすことができるようになり、さらに今までよりも4万円お金に余裕ができるようになるわけです。

翼くんにベーシックインカムがもたらした変化は次のようなものでした。

2020年10月

・一番の変化は気持ちに余裕ができたこと。
・余ったお金で念願のマットレスを購入し、アスリートに大切な睡眠の質を向上させた。

11月

・変わらず心に余裕がある状態。
・バイトを減らしてスケボーに時間を回した結果、確実なスキルアップを感じるように。
・時間に余裕が生まれた分、もっとスケボーで自分にできることがないか考え始める。

12月

・今まで1週間に3日滑れる程度だったのが、ほぼ毎日滑れている。
・考える時間が増えたおかげで、
　自分がコーチとして教えるプライベートレッスンをスタートすることができた。

２０２１年１月

・時間がなかった頃はコンビニなど外食中心だったが、自炊するように。
・徐々にスケボー関連での露出が増えて服装も気をつけるようになった。

２月

・プロとして自分の見せ方を考えられるようになった。
・Ｉｎｓｔａｇｒａｍで服装とスケボーをリンクさせる投稿を始めた。
・さらに編集も覚えてハウツー動画をＵＰすることもできた。

３月

・活動の時間を制限する移動時間を短縮するため、埼玉から都内へ引越し。
・Ｉｎｓｔａｇｒａｍのリールを活用できるようになりフォロワーが７０００人も増えた。

プラス面の所感

▼とにかく、時間が増えたことで精神的な余裕ができたことが一番。
▼それによってプロスケーターとしてのスキルアップはもちろん、そのバックグラウンドになる生活そのもののクオリティを向上させることもできた。
▼考える時間が増えたおかげで、自分のプライベートレッスンをスタートさせたり、フォロワーを増やすことで自分の価値を上げていくなど、新しい可能性を見つけることができた。
▼それまではスケボーの収入源はスポンサード、大会の賞金、イベント出演の三つだけかと思っていた。

▼結果としてスキルと知名度を同時に上げることができた。

マイナス面の所感

▼明確な目標がある人へベーシックインカムを渡すのは有意義なことだと思うが、そうでない場合、その人にとってプラスになるかはわからない。ただ、生活に苦しんでいる人なら、余裕ができることで新しく目標が見つかるかもしれない。

総体的に見ると、シンプルにお金に余裕があるので気持ち的な幸福度が高まったことと、より時間の使い方を考えるようになったことが一番大きな変化だったのではないかと思います。生活に余裕がないと、バイトの時間を中心に生活の時間割を考える必要があります。すると、何かを考える時間や実行する時間は隙間時間にやることになります。

逆に、お金に余裕がある場合、今度は考える時間や実行する時間を中心に据えて、それに応じてバイトの割合を決められるので、より効率的に時間を使えるようになります。

お金の使い方についても、今までは最低限必要な食費を中心に考えなければいけなかったのを、「自分にとって何にお金を使うことが一番大事なのか」ということを前提に考えて使えるようになります。

翼くんの場合は、余ったお金で、プライベートスクールを開いたり、自分で動画を編集するスキルを覚えたりしていましたが、そこからまた新しいことを始めるきっかけが生まれたりと、7万円だけでいろんな可能性が広がるということがわかりました。

当初、プロとしてやっていくのか就活するのか迷っていた翼くんは、この実験の中で始めた様々な活動をきっかけに、プロスケーターとしての土台ができたため、現時点では就活をしない方向で考えているそうです。

日本ではスケボー業界全体がまだまだ成熟しておらず、スケーター個人個人がセルフプロデュース能力を磨くお金と時間の余裕がありません。ですが、翼くんのように自分の価値そのものを上げていく努力をすれば、フォロワーなど目に見える形で必ずファンは増えていくと思います。なぜなら今の若い一般のスケーターは、SNSというツールにより、身近でコミュニケーションできる日本のトップを目標に目指していて、シーンそのものはローカライズされているからです。

こうした背景からも、誰かに引き上げられることを待つより自分でフォロワーを増やしていく方が近道だし、自分の目標に向かって着実に歩んでいる充実感も得られると思います。また、そんな影響力のあるローカルヒーローが日本にたくさん生まれることで、海外のスケート業界から見た日本のスケーターの認知も変わり、国内のスケート業界全体が盛り上がっていくと思うのです。

社会全体で見ても、今世の中はどんどん流動的になっていき、新しい変わった仕事がどんどん生まれています。ベーシックインカムのような制度で、生活のために働くこと以外の自由に使える時間が増えれば、自分のスキルを高めることができて、好きなことで生きていける人が増えます。それは本人にとってはもちろんハッピーだし、社会的にも人や仕事のタイプが多様化して、もっと面白い社会になるのではと僕は思います。

臆病な気持ちを、スケボーの自由さによって忘れることができた

大学時代には様々なことを経験できましたが、まだまだやりたいことはいっぱいあります。例えば都内に理想のセクションがあるスケートパークを造りたいとか、コーヒーも好きだからそこにカフェも併設したいとか、アートや映像など様々なカルチャーを発信したり受け取ったりできる場所も作りたいだとか……もともと僕は長期的な人生計画は立てない方で、せいぜい先を考えても2年後くらいです。今やりたいことをどんどん形にしていくことの先に、将来の自分があるような気がしています。

最終的な目標地点として目指していることだけは、実は決まっています。それは、「人々の居場所になるような場所を作りたい」ということです。小学生時代の僕に居場所をくれたスケボーと、スケートパークのように、どんな人でも受け入れて、そこにいる人全員が自由な発想で、思い思いの時間を過ごせるサードプレイス的なコミュニティスペースです。

それはスケートパークの形を持って完成するかもしれないですし、全然違うものになるかもしれません。今は経験値も力も足りてなくて、形にすることはまだできませんが、まずは物理的なハードルが低いオンライン上で、と運営しているのが「SHIMON」のコミュニティサロンです。

しかし、スケボーというものはオンラインではできません。やはりリアルな手触りや空間にある空気やその匂いとともに、体と心全体で新しい体験を感じられる「リアルな場所」を作ることが理想です。そこで様々な人たちとたくさん会話して、お互いの違いを認め合いながら一緒に思い出に残る時間を過

ごせる、そんなふうに人が交流できる場所を作り上げたい。そしてそこを皮切りに世界中に同じような場所ができて、いつか誰もが暮らしやすい世の中になれば最高です。

言葉にすると夢みたいな話に聞こえますが、僕はスケボーと出会い、スケボーを通じていろんな仲間と巡り合いました。まず最初に否定をしたり、あるいは否定されたりする考え方や、周りの目を恐れて動き出すことができない臆病な気持ちを、スケボーの自由さによって忘れることができました。

―全然できそうにないことでもとりあえずチャレンジしてみよう。

―否定されることを心配するよりも、自由に何でもやったほうがいい。

自分はもちろん、他の誰かにも問いかけて励ますことができるメッセージを僕はスケボーから学びました。そんなふうに僕を変えてくれたスケボーの力を何よりも信じています。

CHAPTER 3

なんでこんなにハマってるんだろう?

僕が考えるスケボーの魅力7つ

1. 正解がない
2. 仲間ができる
3. 毎日が全体的に楽しくなる
4. 地球すべてが遊び場になる
5. 忍耐力が身につく
6. 心の調整に役立つ
7. 自由を尊重できる

CHAPTER 3

なんでこんなにハマってるんだろう?

これまでお話しした通り、スケボーは僕の人生を変えてくれた存在であり、そのおかげでたくさんの仲間もできたし、YouTubeを中心に様々な活動をすることができています。また、活動を通して、スケボーでもっと人生を楽しむ人が増えてくれればという思いも強くなりました。2021年春に僕は大学を卒業しましたが、今まで以上にスケボーの魅力を広めることに自分の熱量を使いたいので、ひとまず就職はせずにこのまま個人で活動を続けていくことにしました。とはいえ、「たかがスケボーに何でそんなに人生を使って頑張ろうと思うの?」という人がいても不思議ではないと思います。それについては僕もひと言で答えるのは難しくて、正直なところ自分でも「……何でこんなにハマってるんだろう?」と疑問形で返すことしかできません。

ただ、スケボーには確かに人にそうさせる力があって、事実パークを運営したり、スケボーのブランドを作ったり、ショップを経営したりと、プロスケーターになること以外でスケボーの世界に身を置き続けている人は、僕以外にもたくさんいます。みんな同じように「……何でこんなにハマってるんだろう?」と思いながら、それぞれのやり方でスケボーを広める活動を続けているのではないかと思います。

CHAPTER3では、このひと言では言い表せない「スケボーの魅力」をいろいろな角度から考えて、僕なりの言葉でみなさんにお伝えしたいと思います。

僕が考えるスケボーの魅力は大きく7つに分けられます。

【魅力1】正解がない

スケボーは〝絶対評価〟である結果だけで評価されません。スケボーとは「遊び」でしょうか？　それとも「スポーツ」でしょうか？　少しでもスケボーのカルチャーに触れたことがある人なら、「そのどちらでもない」と答えるかもしれません。僕としては、遊びで楽しむのもいいし、大会やオリンピックを目指してスポーツとして頑張るのもどちらもスケボーだと思います。要はその人がスケボーとどう向き合うかだと思っています。僕個人の意見でいうと、遊びというほど軽いものでもないし、スポーツというルールに基づいて得点を競うものとも違う、といったところです。

僕は幼稚園から高校生までずっと水泳をやっていて、小学校の時はクラブチームに入っていたぐらい水泳に打ち込んでいました。元々個人スポーツが好きだったこともあり、その性格もあってスケボーにハマっていったと思いますが、水泳とスケボーには大きく違う点がひとつあります。それは評価基準が明確かそうでないかということです。

水泳はタイムを0・0何秒縮められるか縮められないかという世界で、そこに勝敗という結果がついてきます。どれだけ一生懸命練習しても、タイムが短くならない時もあります。常にベストタイムを出すことが目標であり、誰より速く泳ぐことが世界中で統一された評価基準なのです。そのために、フォームを考えて泳ぎ方のスタイルを変えたりするのですが、どれだけフォームが美しくなっても、結局のところタイムを縮めなければ評価されることは絶対にありません。突き詰めていくと個人の才能も含めた限界に突き当たり、タイムという揺るぎない現実を突きつけられるのです。僕はある時、このタイムを追い求め続けることにすごく疲れてしまって、水泳をやめてしまいました。

一方、スケボーはまったく異なる世界でした。スケボーの評価基準は何か？とスケボーをやっている人に聞いたら、返ってくる答えは、それぞれ全く違うと思います。「やっぱり技の完成度」「スタイリッシュな滑りが好き」「トリッキーでテンポが良いのが好き」「大きなステア[※1]を跳んでこそ」「ファッションも全部合わせての雰囲気」「自分がかっこいいと思うかどうか」などなど。きっと答えは千差万別。つまり、「厳密な評価基準がない」のです。

もちろんトリックの上手い下手はあるし、オリンピックもそうであるように、大会やコンテストはポイント制なので、必ずしも数字が関係ないというわけではありません。ただ、スケボーの面白いところは、世界のトッププロの全てがメジャーな大会に出場しているわけではないということと、大会で優勝したスケーターが世界一かっこいいスケーターというわけではないこと。ストリートスケートで評価されるのは、スケーター個人個人のスタイルやクリエイティビティなのです。技術だけではなく、雰囲気やファッションセンスも含んだ「スケーターの個性」なので、水泳のように何が正解と決まった世界ではなく、評価は全てそのスケーターの滑りを見た人が「どう感じたか」なのです。

この「何が正解か決まっていなくて、見た人がどう感じるか」という評価って、僕はアートと同じだ

※1　階段のこと。高さにもよるが、スケボーで降りるのはかなり勇気がいる。

と思っています。

成功はアート、失敗はサイエンス

アートに正解がないように、スケボーにも正解はありません。僕はスケボーの「正解がない」というところがものすごく好きです。友達が言っていた印象的な言葉に、「成功はアート、失敗はサイエンス」というものがあります。トリックが失敗する理由は、体の動かし方や板の動かし方などが明確に影響するので、それを改善すれば失敗しなくなります。面白いのは成功した時のことで、成功の形はアートみたいに何通りもあります。例えば、キックフリップひとつとっても、単純にトリックが「決まっただけ」でももちろん成功ですし、「高さがすごく出てる」のも成功だし、「フリップの回転が綺麗」なのも成功、「フリップで抜いた時の足の出方がかっこいい」のも大成功です。アートみたいに成功の形が数え切れないほどあるのです。そして、世界のトップレベルのスケーターが、この全てを兼ね備えたキックフリップを持っているかというとそういうわけでもありません。誰でも楽しめるスポーツで、これほど自由なものを僕は他に知りません。

スケーターを名乗ることに基準はない

初心者の人によく聞かれる質問で、「どこまでトリックができれば自分のことをスケーターと言って

OKですか」というものがあります。これにも正解はありません。もちろんプロスケーターになることを目標にしているなら、数多くのトリックができるようになる必要がありますが、それにしたって全てのトリックをマスターしていないとプロになれないわけでもありません。中にはオーリーのみを極めて、レジェンド級のプロスケーターになったスケーターもいるほどで、その理由はオーリーだけでも十分人を魅了することができたから。これもスケボーがアートと言える所以のひとつだと思います。

強いて言うなら「自分の目標をクリアすればOK」で、極端な話、プッシュで自由に移動できるようになることが目標なら、それだけでも十分スケボーの楽しさを味わうことはできる。胸を張ってスケーターと言っていいと僕は思います。僕自身「スケボーって最高だな。やっていて本当によかったな」と思える瞬間は、友達とプッシュで街を自由に移動している時です。特に何も考えずにみんなで移動している時に不意に、「わあ、めっちゃいいな。スケボーって自由だな」と思う時があります。プッシュしている時の浮いているような独特の感覚のせいなのか、行為そのものなのかは明確に言葉で言い表すことは難しいし、無理に言葉にしても正確に伝わらないかもしれません。ただ、その時間を一緒に共有している友達にすごく感謝できる、そんな瞬間があるのです。だから、プッシュが目標ならそこで練習をやめてもOKだし、オーリーが目標ならそれもまたOK。自分の設定した目標に行きつけばいいわけなので、運動神経の良し悪しでさえ関係ありません。スケボーって一見難しそうに見えますが、ゴール地点は人それぞれなので、そういう意味では実はハードルが低いスポーツとも言えます。実際、僕の周りにはスケボーをするまでスポーツに興味がないどころか、運動音痴でスポーツが大嫌い。でも、スケボーのそういうアーティスティックだったり、自由な部分が好きで、「プッシュだけでも十分楽しい」と楽しんでいるスケーターもいます。僕の当初の目標がキックフリップだったことはお話ししましたが、僕はものすごく努力してそこに行き着こうとしているうちに、カルチャーにも触れ、どんどんスケボーの魅力の虜になりました。キックフリップをメイクした後も、次々に新しいトリックに挑戦していきました。

結局のところ、スケーターを名乗ることに基準はないと思います。「プッシュで自由に滑れるようになりたい」と思って練習すること、プッシュの次に「オーリーができるようになりたい」と思って練習し続けること、あえて言うなら、そういう思いを抱くこと自体がスケーターである証拠だと僕は思うのです。

魅力2 仲間ができる

スケボーを始めて自分にとって最高によかったなと思うこと。それは、仲間ができたことです。この仲間は、一緒にスケボーをすることはもちろん、学校や他の社会で知り合う友達と違って、なんでもオープンに話せる仲間ばかりでした。その理由を自分なりに考えてみたのですが、スケーターは個性が強い自由な考えの人が多いので、それだけに自分以外にも寛容なんだろうな、ということです。中高生のときは、インターナショナルスクールに通っていてそもそも自由な人が多かったので、あまりこの違いを感じませんでした。それが大学に入ってみると、学校の友達は基本的に飲み会や恋愛の話や就職の話が話題の中心で、スケーターの友達はスケボーの話が全体の90パーセント。考え方や話すことがあまりに違い、驚いたことを覚えています。

実践すればすぐ仲間ができる方法

スケボーを始めてまだ日が浅い人や、これから始めようと思っている人は、仲間ができるにはかなり時間がかかるように思われるかもしれません。でも、たったひとつだけ実践すればすぐ仲間はできます。それは「スケーターと会ったらとりあえず話しかけてみる」ということです。

スケボーでプッシュで移動したり、スケボーを持って出かけたことがある人なら経験があるかもしれませんが、スケーター同士が道ですれ違うと、大抵の場合挨拶されます。スケーターはそもそも数があまり多くないので「マイノリティ同士一緒に頑張ろうぜ」という仲間意識が強いのです。話しかけられて嫌な気持ちはしないと思います。信号待ちなどいいタイミングがあれば、ちょっと話しかければ友達になれる可能性はあるし、もしそれが同じ学校だったら確実に仲良くなれると思います。

スケーターはスケボーが好きがゆえに、街中でスケボーを持っている人や、スケボーのウィールの音がすると絶対と言っていいほど見てしまう習性があります。それが少し似ている音、例えばスーツケースの車輪の音でも見てしまうほどです（笑）。僕自身、よくすれ違うスケーターのことは見ているし、「いつもここ通ってるけど、もしかしてあのパークで滑ってるんかな？」とか想像してしまいます。多分向こうも同じで、意外とお互いを認知しているのがスケーター。今はまだスケボー社会が狭いとはいえ、東京という1300万人以上の人口を抱えている大都市でも、こういうことが起きるってすごいことだなと思います。

空き地で大谷翔平選手がキャッチボールしてるようなもの

スケボー仲間を作る方法の応用編が「パークで話しかける」です。CHAPTER2でお話しした通り、僕はこの方法で、今一緒に活動している東京の仲間たちと知り合いました。パークは初心者から上級者までたくさんのスケーターが集まっているので、パークに行けば自分と同じレベルのスケーターとも知り合えるし、上級者と知り合ってスケボーを教えてもらえるようになるかもしれません。

また、パークで僕が面白いと思うのは、どれだけうまい世界のトップスケーターでも、みんなと同じスケートパークで練習しているということです。他のスポーツだと、プロはプロ専用の施設でトレーニングすることが多いと思いますが、スケボーの場合は、日本のトップでも世界のトップでも、一般のスケーターが使うパークで練習しています。野球でいうと、その辺のバッティングセンターや空き地に練習をしに行ったら、大谷翔平選手がキャッチボールしてるようなもの。この距離の近さはすごいことだと僕は思います。さらに大抵の場合は、話しかければ応じてくれて、できないトリックの相談をすればコツを教えてくれることも多かったりします。勇気を出して声をかければ、自分がうまくなくてもトップスケーターと友達になれる可能性がある。そんな垣根の無さもスケボーの面白いところです。パークに行けばスケーター同士のつながりが増えて、もっとスケートライフが充実すること間違いなしです。

オンライン・オフラインで広がるコミュニティ

最後に紹介するのは、Instagramに代表されるSNSでのつながりです。スケーターの多くはInstagramアカウントで自分の滑りをアップしていることが多いです。憧れのスケーターがいたら、ぜひSNS上でフォローして、動画に写っているパークに行けば高確率で会えると思います。SNSのコミュニティで知り合って、リアルでスケートパークに行けば実際にコミュニケーションできる。その二つがうまく噛み合わさって、オンライン・オフラインのコミュニティが出来ているのが、今のスケボーシーンの面白いところだと思います。

魅力3 毎日が全体的に楽しくなる

仲間ができるほどに生活の中にスケボーが浸透してくると、多分ほとんどの人がスケボーを手放せない状態になると思います。スケボーを始めるまで、人生に必要のなかったものがマストアイテムへと化していくのは不思議ですが、出かける時も「財布、鍵、ケータイ、スケボー」というように、あって当たり前。ないとなんだか手持ち無沙汰だし、場合によっては後悔さえするようになります。

「後悔ってどういうこと?」と思う方のために説明すると、スケボーは「滑ることに適した路面やスポットで、人に迷惑がかからない場所」という条件が揃えば、ある意味どこでもできるスポーツです。それだけに、出かけた先でいつスケボーができるタイミングが訪れるかわかりません。たまたま滑れる場所が見つかった時に、友達は持っていて自分は持っていなかったら……悔しいですよね？　なので友達と遊びに行く時も、常にスケボーを持っていくのが自分は習慣化しているし、自分の周りのスケーターも同じことを言っています。常識の範囲内であれば出かける時は常にスケボーを持っているので、もう洋服と同レベルの存在ですね。スケボーがどんどん上手くなり始めて、できるトリックが増えてきた高校生の頃は、今よりもっとスケボーにハマっていたので、英検とかＴＯＥＦＬとか学外の用事でも、特に禁止事項でなければ、何も考えず会場にスケボーを持って行ったりもしていました。

生活の一コマをガラリと変えてくれる

「スケボーはライフスタイル」と言われることがよくあります。僕自身もそう思います。スケボーが他のスポーツと大きく違う特徴として「移動に使える」という点があります。この「移動する」ということ自体が生活の一部だからこそ、スケボーはライフスタイルになり得るのではと思っています。

学校や仕事に行くのも基本的には移動が必要だし、誰かに会うにも同じです。でも移動は本来は目的じゃなくて手段なので、特段面白いものではない。でもそんな生活の一コマをガラリと変えてくれるスケボーのトリックがあります。それが「プッシュ」です。日常の足をプッシュに変えるだけで、ただの移動がこんなに楽しくなる。これがスケボーの最大にして最高の魅力だと思います。

どこかにお出かけする時だけじゃなく、近くのコンビニへ行く時に、歩くよりも自転車よりも「スケボーが楽しい」って思えるようになったら、それはもうスケボーがライフスタイルになっている証拠です。スケボーがあるだけで、外出時の移動から道すがらの空き地や公園で見つけたスポットで、そして行き先で、様々な楽しみを味わうことができます。だからスケボーがある毎日は、生活そのものが全体的に楽しくなるのです。

【魅力4】地球すべてが遊び場になる

僕の好きな「etnies」というスケートシューズブランドのキャッチフレーズに、こんな言葉があります。

The planet is our playground.

「地球が遊び場になる」という意味のこの言葉通り、スケボーにのめり込み始めると街を見る目がガラリと変わります。

まず初級編。スケボー始めたてでプッシュが楽しくてしょうがない頃なら、道路の路面の状態を見るようになります。平らで滑らかな敷石が隙間なく敷かれている路面なら、思わずプッシュで滑り出したくなるし、アスファルトの路面なら、舗装されたばかりなのか、それともだいぶ時間が経って荒れてしまっているのかをチェックして、できるだけ滑らかな道を選んだり。細かいデコボコした敷石の道なら

※2　カーブボックスや縁石の端を、トラックを擦り付けて滑るトリック。
※3　手すりのこと。スケボーではデッキやトラックで滑り降りる。
※4　セクションに入る前の距離や角度のこと。
※5　デッキ（板）やハンガーが滑りやすくなるようにセクションに塗りつけるロウ。
※6　縁石やカーブボックスの縁にオーリーでトラックのハンガー部分を乗せてそのまま滑るトリック。

ガッカリして仕方なく歩く……そんなことを考えるようになります。

オーリーができてある程度グラインド※2もできるようになっているなら、街の造形を見て階段やハンドレール※3やベンチを探したり、その表面の質感やアプローチ※4のあるなしを見たり……と、スポットを無意識に探して、いつもキョロキョロするようになります（笑）。そして、いいスポットを見つけることができたら、写真に撮ってｉｐｈｏｎｅの位置情報機能で保存。「ここ、めちゃくちゃいいな」と思った場所は、後から調べると結構有名な場所だったりするのですが、みんなが意外と知らない場所を見つけたときは、まさに「発掘した」という感覚でとても嬉しいものです。

そんな発掘調査の中で、いつもすごく面白く感じることがあります。スケボーできそうなスポットを見つけて近寄ってみると、大体スケボーをやっていた跡が見つかるのです。偶然見つけた場所でも、良さそうだなと思ったところには必ずと言っていいほどワックス※5が塗られて、スケボーのトラックを当てて削れた跡があったりします。そういう傷は、スケボーをやっているスケーターにしかわからないもので、跡の付き方で50-50※6（フィフティ・フィフティ）ができそうだなとか、スライド系※7もできそうだなとわかったり。そこのローカルスケーターがどういう滑りをしているかや、スケーターのスキルのレベルまでもわかったりするものなのです。

また、昔からある有名なスポットを目的地にして出かけることもあります。時には世界的に有名なスポットを求めてわざわざ海外へ行くこともあって、例えばアメリカ・ロサンゼルスの伝説的なスポット「Ｈｏｌｌｙｗｏｏｄ Ｈｉｇｈ 16※8」なら、あの有名な階段に上に立って、「ここであんな技したんや、やばすぎる……」と想像したり。また、スポットにも歴史があって、「Ｓａｎｔａ Ｍｏｎｉｃａ

※7　スケボーのデッキ（板）の部分で縁石やカーブボックスやハンドレールの上を滑るトリック。
※8　ロサンゼルスのハリウッドにあるハリウッドハイスクールの階段。
ここの16段ステアとハンドレールは90年代から有名なスケートスポットで、
数多くのスケート動画で見ることができる。

「Courthouse」[※9]は、その名の通り裁判所の前にあるスポットで、元々はめちゃくちゃ警察から目をつけられていたスポットでしたが、2014年にNIKEがそこを買収したため、今は合法的に滑れるストリートスポットになっているのです。世界中どこへ行っても違う街の造りや歴史があって、実際に滑ることができる。ただでさえ楽しい旅行が、スケーターなら普通の人の何倍も楽しむことができます。もちろん旅行なんて特別なことをしなくても、スケボーを始めた時から自分が生まれ育った近所の街が全く違って見える。そんな新鮮な驚きを、スケボーという存在が加わるだけで味わうことができるのです。

【魅力5】忍耐力が身につく

スケボーをやり続けることで得られる最も現実的な効能といえば、チャレンジ精神と忍耐力が身につくことかもしれません。様々なトリックをマスターしていくことを目標にスケボーする場合、その多くは一筋縄ではいかないもので、控えめに言っても〝めちゃくちゃ難しい〟です。

多くの人にとって一番の難所になるオーリーを例にとって話すと、オーリーだけで2、3年かかる人もザラにいますし、スケボーを始めた人が100人いたとして、オーリーをマスターするまでに、そのうちの9割がやめてしまうんじゃないかというほどの難関です。もちろん、ここでやめてしまって別の技に行ってても全然OKですが、ジャンプして段差を上ったり下りたりする3Dのスケボーを楽しみたい場合、オーリーが全ての入り口になります。繰り返し繰り返し練習することになりますが、安定したオー

※9　世界一有名なスケートスポットといっても過言ではないロサンゼルスのスポット。巨大なマニュアル台はオーリーで上ることさえ難しい。

リーができるようになるまでには回数をこなすしかありません。ひたすら反復練習を繰り返し、止まって跳べるようになったら、次は進みながら跳べるように練習。そして次は障害物を跳び越えられるように。そしてもっと高い物を跳べるように……と、段階を追っていく必要があり、その度にまた数え切れないほどの回数を挑戦し続ける必要があります。

しかも、これで終わってくれるほどスケボーは甘くありません。ずっと続けているとスランプがやってくることがあるのです。ある時、急に跳べていた高さが出なくなったり、越えられていた物が突然越えられなくなったりします。これに陥った時は、今までの苦労が全部なかったことのように感じられ、かなり絶望感を覚えることになります。こうなってしまったら、一回スケボーから離れてリフレッシュしたほうがいいです。無理に続けると、スケボーが嫌になってしまう可能性があるからです。そしてしばらくの時間を経て、できなかった悔しさとともにモチベーションが戻ってきたら再開する……そんなことの繰り返しで、トリックをマスターしていくことになります。

簡単にまとめましたが、この間に短い人で1～3ヶ月くらい、長い人で2、3年か、練習できるペースによってはそれ以上の時間を要します。さらに、その途中で派手に転んで怪我をすることもあります。これだけでも、かなりの忍耐力とチャレンジ精神が必要だということがわかってもらえたかと思います。

こうやって苦労を続けて目標のトリックをマスターした時には、多少できなくても諦めない精神が確実に身についているはずです。プロスケーターの映像を見ていただくとわかりますが、彼らは難しいセクションでトリックをメイクできるようになるまで、何度も何度も、それこそ3ケタに達するほどの回数を挑戦し続けます。プロも、そうでない人も同じマインドです。「できるまでやりたい」と思うことがあるのなら、オーリーでもキックフリップでも何かの壁に当たっても、ぜひ乗り越えられるまで挑戦してみてほしいと思います。それが成功したときの達成感はすごいもので、新しいトリックができるようになった日は、言葉で言い表せない喜びに満たされて一日中ご機嫌で過ごすことができます。この達成感を味わいたくて、また新しいトリックに挑戦し続けることができるようになるし、「あの苦労に比べたら」と、その後の人生で訪れるその他の苦難にも、諦めずに同様にチャレンジし続けられるようになります。

自己肯定感が芽生えているのがはっきりとわかる

ひとつのトリックをマスターするために黙々と練習を続ける中で、僕がスケボーに感じたことがあります。スケボーは「自分と向き合うツール」としても役立つということです。トリックが難しければ難しいほど、しんどいし時間もかかる。さらに失敗した時の恐怖心もある。そういった困難に向き合うことをやめてしまうのは、自分次第です。

スケボーは自由です。プロでない限り仕事ではないし、部活でもありません。そんな強制力が一切ないにもかかわらず、挑戦を続ける気持ちにさせてくれるのがスケボーの不思議なところです。難しければ難しいほど、どうモチベーションを保っていくかを自分で考える必要はありますが、少しずつ上達していく中で、自分の成長を確かに感じることができます。そして達成した後には、自己肯定感が自分の中に芽生えているのがはっきりとわかるのです。

魅力6 心の調整に役立つ

僕にとって、仲間と一緒にスケボーを楽しむ時間は大事ですが、一人でスケボーをするのも、それと同じくらい好きな時間です。特に無性にスケボーしたくなるのは、何か悩みごとや嫌なことがあって自分ひとりでは辛い時。そんな時は早朝に起きて、ひとりで何時間も無心で滑ります。

スケボーのトリックはかなり細かなタイミングに左右されるので、滑っている間は他のことを考えている余裕はありません。全神経をトリックに集中することで嫌なことや悩みごとを一時忘れることができますし、ひとしきり滑った後には、心地よい疲労と流れる汗とともに、なんだかすっきりした気分になれることもよくあります。長くスケボーをしている人なら経験があるかもしれませんが、ひとりで自分と向き合うスポーツであるがゆえに、いつしかそんなふうに、気分転換や自分の心の調整のためにスケボーをするようになっていました。自分と同じように、心の安全弁のようにスケボーを使ってきたスケーターは実は結構いて、スケボーに人生を救われたという人もいます。

僕が知っているとある天才プロスケーターは、中学生時代に薬物を経験し、卒業後に暴力団関係の組織に関わるようになりました。そんな荒んだ生活の中で、スケボーが唯一の心の支えだったそうです。そしてその後、人生を好転させることもできました。「スケボーをやってなかったら、絶対に今頃はまだ人生のどん底にいた」という言葉が印象に残っています。

魅力 7 自由を尊重できる

これからスケボーを始めようと考えている人や、始めて間もない人、子どもにスケボーを始めさせようと考えている人全員へ、僕が一番伝えたいスケボーの魅力は自由さです。

スケボーは、コートもレーンもフィールドも、点数もなくて、自分の好きな技を好きな時に好きな場所でできる、すごく自由なスポーツです。スケボー歴が長くなればなるほど、その自由な考え方が日常にも影響してくるようになっていきます。

それは街を「スケートスポット＝遊び場」として見る「自由なものの見方」だったり、みんな同じようにオーリーやショービットから始めても、途中からそれぞれが得意な技や好みが分かれてきて、「キックフリップなのか、ヒールフリップなのか」「フロントサイド[※10]が好きなのか、バックサイドが好きなのか」「レッジ[※11]が好きなのか、ランプが好きなのか」と分かれていったり。お互い得意な技を尊敬し合い、人との違いを好きになれる。僕は自然にそういう「自由な考え方」が身についていきました。

たまに、「もしもスケボーがこの世からなくなったらどうする？」と聞かれることがあります。もしスケボーがこの世から消えたとしても、スケボーから学んだ今の自分の根幹になる「自由な考え方」は、一生消えないと思います。そんな宝物のような考え方が、もっとたくさんの人に届いて、もっとみんなが自由に楽しく生きていける世の中になればといいなと考えて、僕はスケボーを広める活動を今も続けているのです。

※10　トリックする際の体の向き。体の胸側をフロントサイド、背中側をバックサイドと呼ぶ。
※11　縁石のこと。日本では階段の脇に斜めに付けられた傾斜のあるものを指す場合が多い。

CHAPTER 4
スケボーが
これからの世界の
ためにできること

CHAPTER 4

スケボーがこれからの世界のためにできること

「もっとスケボーを世の中に広めたい」。

僕がそう考えて現在の活動をしている理由は、スケボーが大好きだからということと、「スケボーには、人を助け、世の中を良くする力がある」と信じているからです。ここまでの章では、僕自身や周りのスケーターの実体験も交えてお話ししてきました。改めて僕が思う「スケボーにできること」を、お話ししたいと思います。

時間をかけて磨き上げられてきた「自由な精神」が身につく

スケボーとそれを取り巻く人やカルチャーには、「多様性を認め合える自由な精神」が根付いています。スケボーを始めることで、これは自然に身についていくものです。このスケーターが持つ「自由な精神」は、スケボーが生まれてから現在に至るまでの歴史の中で育まれてきたものです。それと同時に「自由な精神」の在り方は、いつの時代も同じものではなく、時とともにその姿や性質を変えてきました。

この本の冒頭でも書きましたが、スケボーはアメリカで発祥し、その後はヒップホップやパンクロックなどの音楽と結びつきながら、ティーンエージャーの「社会への反抗のシンボル」、つまりカウンターカルチャーのひとつとして長い間流行し成長してきました。カウンターカルチャーにおいて、社会とは若者を縛るルールを作る存在として見られ、それに反抗する存在として、スケボーは必然的に自由な精神性に重きを置くようになっていきます。

「社会」と「自由」という二つの言葉の中には様々な意味が含まれていて、それぞれ正しく思える部分もあれば、間違っていると感じる部分もあると思います。理不尽な社会のルールや、そのルールによって生み出された格差がある一方で、人間として守るべき社会のルールは存在するし、同じように自由の中にも主張すべき自由と、自分勝手な自由とがあります。黎明期のスケボーが持っていた「自由」とは文字通り、社会のルールに囚われず自由気ままに生きること。そのひとつの現れ方として、公共の場でたむろしながらビール片手にスケボーをして、時には喧嘩もするというような、いわゆる不良のスタイルがありました。一般社会からすると、街で見かける以外にスケボーと接する機会はないので、こうしたスケーターの存在がそのままスケボーのイメージになっていったのだと思います。

その後、スケボーがアメリカ国内でどんどん浸透していくにつれ、当時のティーンエージャーよりも、もっと下の世代がスケボーをするようになりました。かつてティーンだったスケーターはプロになったり、スケートショップを開いたり、サラリーマンになったりしながら、自分自身も親になり、自分の子どもにレジャーやスポーツとしてスケボーを教えていくようになっていきました。

おそらく、スケーターが自分の子どもにスケボーを教える時には、思い思いにスケボーを楽しむ自由さ、一緒に過ごす仲間の大切さ、スケーターそれぞれの個性から生み出される正解のない格好良さなど、スケボーが持つ純粋でいて素晴らしい「自由さ」を伝えていったのではないかと思います。

この繰り返しを続けていくうちに、現在アメリカのスケボーは、不良だけではない様々なタイプの人々、様々な世代が、それぞれのスタイルで自由に楽しむ多様性のあるスポーツに変化していきました。従来までのストリートスケートも引き続き存在する一方で、スケートパークでのみで滑るスケボーのあり方や、スポーツとして大会優勝を目指して滑るスケボー、職業としてのスケボー、通勤や通学の移動手段として使うスケボーまで、あらゆるスタイルが同時に存在できるようになったのです。

現代のスケボーが持つ、時間をかけて磨き上げられてきた「自由さ」こそが、僕が感じた「多様性を認め合うことができる精神」です。スケボーをきっかけにスケーター同士のコミュニティに加わることで、この「自由な精神」に触れ、その結果、先入観や固定概念が薄らいでいき、他者との〝違い〟に対して寛容になっていけることが多いのです。

精神的にも社会的にも「人を救う力」がある

第二に、スケボーには熱中することで精神的な支えになったり、人を社会的に更生させる力があります。スケボーは他のスポーツに比べてひとりで始めることができる分、僕のように人とのコミュニケーションの問題で孤立してしまった人にとっても始めやすい、という特徴があります。自分以外の人を必要としない分、周りの環境に影響されにくく続けやすい、というメリットがあるのです。

2018年に公開されたドキュメンタリー映画、『行き止まりの世界に生まれて』[※1]は、シカゴの貧しい工業地帯に生まれた3人のスケーターの物語です。3人とも父親から児童虐待を受けているのですが、そんな毎日の中でもスケボーとスケボー仲間の中には居場所があり、救いになっていたことが描かれています。海外のプロスケーターには、実際にスケボーをきっかけに貧困や家庭の問題から立ち直ったり、社会的に成功した人も多くいます。日本で言えば、CHAPTER 3でお話しした僕が知る天才プロスケーターもそのひとりです。

また、精神医療の分野でもスケボーは注目されていて、ADHD（注意欠陥・多動性障害）や精神疾患へのセラピー効果も認められていて、スケボーの社会貢献を報告する国際会議「プッシング・ボーダーズ」[※2]などで治療効果が報告されています。報告されている実例はまだ決して多いわけではありませんが、今後研究が重ねられていくにつれ、もっと世の中に普及していくと思われます。

世界という視点で見ると、スケボーはその長所が見直され、より良い社会を築いていくツールのひとつとしても認められつつあります。しかし、日本では残念ながらスケボーはまだまだアンダーグラウンドな「不良の遊び」というイメージが強く、スケボーを持っているだけで日常的に職務質問を受けたり、誰の邪魔にもならない広い公園の片隅で練習していても注意されることがあります。

理由のひとつには、日本のスケートカルチャーがアメリカなどに比べてまだ成熟していないということが背景にあると思います。一番直近にあった日本のスケボーブームは、90年代後半から2000年ごろにかけてのことで、当時の日本はストリートスケート全盛時代です。当時を知るスケーターに聞くと、この頃は学校などで、ちょっと不良な若者がこぞってスケボーを始めていたと言います。ちょうど

※1　原題「Minding the Gap」。第91回アカデミー賞と第71回エミー賞にWノミネートされた。
※2　スケボーによる社会貢献を報告する国際会議。
スケボー愛好家に加え、都市計画の専門家、社会福祉NGO、メンタルヘルスの専門家などが一堂に会する。

同時期に流行したヒップホップやパンクロックと結びつき、ファッションもマインドもカウンターカルチャーそのものだったとか。現在のように親子でスケボーをするスケーターはほとんどいなかったそうです。つまり日本の90年代は、先述のアメリカのスケボー黎明期と同じ状況だったわけです。当時すでに大人だった人の記憶の中には、その時のイメージが色濃く残っているんだろうと思います。

文化をそのまま輸入して正当化するのは無理がある

アメリカのように時間が経ちさえすれば、スケボーが日本で市民権を得られるかといえば、そう簡単なことではないと思います。そもそも「日本の文化のあり方」と「スケボー」はあまり相性が良くないからです。これこそが、日本でスケボーのイメージが変わらない一番の理由だと思っています。

日本文化の根底にある「和」を大切にする精神と、「個」が尊重されるスケボーは水と油です。日本はもともと島国であることに加え、鎖国をしていた期間も長く、歴史的に多様な文化を受け入れにくい傾向を感じます。また、日本では個人よりも国や街、チーム、さらに家族など、集団を重視し、コミュニティに迷惑をかけないライフスタイルが育まれ定着しています。そんな文化土壌がある上に、都会は人口密度が高く、道路も十分な道幅が取れず譲り合って歩いているほど。街中で、ガラガラと大きな音を立ててスケーターが走り抜けたり、トリックで大きな音を立てれば苦情が来るのは仕方ありません。

僕は日本が持つこうした和の文化や、人に迷惑をかけないライフスタイルそのものは素晴らしいものだと思っています。だからこそ、日本には世界でも唯一無二ともいえる魅力的な文化が生まれているし、それを守り続けることも大事なことだと思います。そこに海外のスケボーカルチャーはこうだからと、文化をそのまま輸入して正当化するのは無理があります。なにより、日本人の精神や文化を愛する人たちを否定することにもなるので、本末転倒だとも思うのです。

また、スケボーは日本で受け入れられず行政からもあまり理解が得られなかったため、公共のスケートパークが造られない時代が長くありました。そのためにスケーターたちは行き場をなくしてストリートで滑り、それによって評判を落として、さらに否定される……そんな悪循環に陥っていったのです。

スケボーのフェーズが変わる時

では、どうしたらスケボー反対派の人にスケボーを理解してもらい、さらに日本でのスケボーのイメージを変えることができるのでしょうか。

僕は、空前のスケボーブームが来ていることに加え、スケボーがオリンピック正式種目化された今こそ、新しいフェーズに突入する大きなチャンスだと思っています。

ムラサキスポーツのマーケティング担当の方のお話では、スケボーのブームは大体20年周期で来るそうで、ひとつ前は90年代から始まったブームです。今回のブームはその周期に当てはまったことと、当時若者だった世代の子どもたちがちょうど小学生から中学生くらいでスケボーを始める年齢になったこと、さらに親世代もスケボーに馴染みがある世代だから親子で一緒に始めているケースが多いこと、そんな色々な要素が重なって、２０１８年ごろから徐々に始まった波だと思います。

現在のブームについてスケボー業界の関係者たちが「今までと違う」と口を揃えて話すのは、前回まではは「まずファッションからスケボーに入っていくブーム」だったということです。一方、今回のブームはレジャーやスポーツとして「純粋にスケボーに乗る」ことを目的に始めている人が多いので、過去と比べて「スケボーの本当の魅力」まで理解できるようになる人が増えるんじゃないか、ということ。

さらに今回のブームには、オリンピック正式種目化というトピックスが加わり、開催が近づくにつれメディアでスケボーを取り上げる頻度が格段に増えたため、スケボーをしない人たちからも認知が高まったこと。そして、新型コロナウイルス感染症拡大の影響から、ひとりで密を回避しながら気軽にできるスポーツとして受け入れられたことも要因のひとつとしてあります。過去のスケボーブームにはなかった様々な要因も絡んで、スケボーに注目が集まるこの機会に、「不良の遊びだけではない、色々なスケボーがある」ということを見せられれば、理解を得られる機会になると思います。

オリンピックで見えるのはスケボーの魅力の一部分でしかないにしろ、少しでもスケボーの面白さが伝われば、その中の何パーセントかはスケボーを自分でも始めて、その後ライフスタイルにまでなっていく可能性がある。スケボーがメインストリームになり、無関心な人や嫌いな人でも、日常生活で頻繁にスケボーカルチャーに触れるようになれば、どんどん印象は変化していくと思います。まずは多くの人に見てもらう、知ってもらう。オリンピックはそのきっかけとしてすごくいいチャンスだと思います。

日本には、日本のスケートボードの在り方がある

フェーズが変わる今だからこそ、ブーム以前からスケボーに関わっていたスケーターたちが、メジャースポーツになるメリットとデメリットをきちんと考えて、いい方向へ進むように、改めてスケボーと社会のあり方について考えるべき時だとぼくは思います。

そのためには、僕はスケーター自身がまず時代とともに変化していく必要があると思います。具体的にいうと、スケーター側が日本の文化や時代に合わせて変化していくことです。

僕は東京に来てからは、道が狭い街中ではプッシュはしません。ストリートでも基本的に滑らないようにしています。一方、街で滑っていて一回も注意を受けたことがない欧米諸国では、僕はストリートでも滑ります。自分のなかでチャンネルを変えてスケボーをするようにしています。欧米には欧米の、日本には日本の、その地域や国の特性に合った滑り方をすることが必要だと思うのです。

これが正解なのかは、僕自身にもまだわかりませんし、もっといい方法があるかもしれません。決まった方法論ではなくて、それぞれが考えて、日本のスケボーをしない人たちと共存できる方法を実践してもいいと思います。

スケーター側からすると、「なんでスケーターばっかりそんなに我慢しないとダメなの？」という声もあると思います。中には、「ストリート発祥なんだから道で滑らないなんてスケボーじゃない」というスケーターもいると思います。でも、この問題についてスケボーに対してスケボー反対派からの歩み寄りを期待するのは、現状では無理だと僕は思います。なぜなら、元々スケボーに対して悪いイメージを持ってる人は、わざわざ「本当にスケボーって悪いのか？」と考えることはありません。また、アンチでも賛成派でもない人たちも、普段スケボーについて考えることがないので味方してはくれません。その人たちはスケボーに関連するSNS投稿もWEBサイトも、YouTube動画も、スケートマガジンも見ませんから、アプローチするだけでもすごく難しいことです。

それよりまずはスケーターが自分たちで社会と歩み寄れるポイントを見つけて、「日本のスケートボードの在り方」をアップデートしていくことの方が合理的だし、創造的でスケボーらしいです。社会からスケーターという存在が認められれば、公にスケボーができる場所も見直されて、結果的にスケボーがしやすい日本へ続く近道になるとも思います。

増加するスケボー人口に対して強化される取締り

スケボー人口が増えている現状に対して、現在、ストリートでのスケボーはどんどん規制が厳しくなっていく傾向にあり、近年もっとも取締りが激化している渋谷区では、少しプッシュしただけで5万円の罰金が科せられることさえあります。

法律ではスケボーは道路交通法76条によって「『交通の頻繁な道路』での球戯やローラースケート・スケートボードなどに類する行為は禁止」とされています。「頻繁」の定義は現時点、明確にされていませんが、渋谷区はすべての道路がこれに当たるということで、区内全域がプッシュNGです。法律だけで言えば、渋谷区のスケボー初心者は家の前の道などでは一切スケボーをしてはいけないことになります。スケボー人口が増えている中で、初心者にとってはハードルが高いパーク通いをしないとスケボーができないという現状があるのです。

日本では電動キックスケーターなど、次世代の小型モビリティーサービスを普及させていくにあたり、その性能を十分に発揮するための道路整備や道路交通法改正が行われています。しかしこの検討対象の中にスケボーは入っていません。このまま新法や新しいまちづくりの形がフィックスされてしまい、新たなロールモデルが出来上がってしまうと、次はいつチャンスが来るかわかりません。現在のブームでかつてのように若者だけではなく、様々な世代による一定数のスケボー人口が街の中に存在することになる今が大切な時期だと思います。

スケートカルチャーも、街の構成要素のひとつ

道交法の中にある「頻繁さ」については度々スケーターの間で物議を醸すポイントで、僕のオンラインサロンでも話題に上ったことがあります。その時は最初「頻繁の定義を明確にした方がいいのでは?」というテーマから始まったのですが、会話を進めていくうちに「定義を明確にしすぎると、今度はその範囲からはみ出したら明確な違反になってしまい、逆にスケボーの可能性を狭める恐れがある」という意見も出ました。それよりは現在のグレーなままの方がフレキシブルさが残る……という考え方です。

このやりとりの中で僕が思ったのは、スケーターが感じている息苦しさの本質は法律の問題だけではないということです。人の少ない公園でさえ「スケボー禁止!」と大きく書かれていることや、警察官から無条件に職質対象として見られてしまうこと、禁止されていない場所でも近隣住民に注意されてしまうこと、悪気はないのに人を嫌な気持ちにさせてしまっているということに対する負い目……こうし

た世間から不良と認識されて疎まれ続けている「スケーターへの目線」や、「スケボーという乗り物に対して抱く漠然とした危険性」から来るものなのではないかということです。

そして、この二つのイメージに対する社会からの回答が、単純にスケボー禁止の場所を増やすことや、取締りを強化することでのみ解決されている、ということなのではないでしょうか。

スケボーは、誰でも手に入れて、始めることができるものです。

スケーターもまた、決して特別な存在ではなく、その他の人と同じ街の住民のひとりです。

そしてスケートカルチャーも、今や街の構成要素のひとつだと思います。

街と社会の中に確かにある、これらの存在をまずは認めてもらう。

お互いの主張に耳を傾けること、スケボーとそれを愛する〝住民〟の口からスケボーの本質を伝えて、理解してもらう必要があるとぼくは思います。

先入観と誤解から生まれたコミュニケーションの断絶

相互理解を深めるためには建設的な対話の場が必要ですが、そのためにスケーターとそれ以外の人たちとの間にはひとつ越えるべきハードルがあります。

スケボーを広めていく活動の中で知り合った人の中には、まちづくり事業などを行う民間企業や、行政機関の担当者などもいるのですが、実際にそういった事業に関わっている人たちに話を聞くと、スケーターという人種は、そもそも行政機関や一般市民などに対して批判的なイメージがあり、意見を聞くとか対話の機会を設けようといった考えに至らなかったそうです。現在の多様化したスケーターの実情を知っている自分からするとこれは意外なことに思えましたが、考えてみればそれはスケーターでないとわからないこと。これは行政機関だけに限ったことではなく、スケーター側からも「そもそも話が通じない相手」として距離を置いてきた過去が確かにあったのではないかということです。

今まで両者間のコミュニケーションのきっかけは、その多くがどちらかからの反発の上に成り立ってきました。スケーターによる街中でのスケボー行為と、それに対する行政側からの法律の施行や、地域住民からの非難、それに対するスケーター側からの反発または無視。稀に署名活動や嘆願書などの形式もありますが、いずれにしても「対話」ではなく、攻撃に対するリアクションがそのほとんどだったのではないかと思います。このような一方的な意見のぶつけ合いによるすれ違いや溝が、時間を経る中で凝り固まった誤解として両者の間に壁を作ってしまった可能性は大いにあると思います。

スケボーとスケーターが作る未来の街

この誤解を解くためには、まずはスケーター側が柔軟に変化して先入観を捨てて話しかけていくことも必要なことだと思います。まだ数は少ないですが、地域のコミュニティや行政とスケーターが一緒になってまちづくりをしていく活動も日本各地で起こっていて、地域活性を通してスケボーが社会に貢献できる役割を示しながら、街の中でのスケボーの市民権を得ていく方法もあります。

今、僕は中学時代のスケボー仲間と共に、大阪万博が開催される2025年を目指して、大阪市港区を若者が集まるスケボーの聖地にするためのプロジェクトに区と協力して取り組んでいます。まずスケートパークを作って検証を始めていく段階ですが、パークの周りにストリートファッションのショップやカフェを集めて、将来的にはロサンゼルスのベニスビーチのような場所にできないかと考えています。スケボーを使った若者を集める地域活性化が成功すれば、これが新しいロールモデルとなって他の地域にも広がっていきます。まだまだスケーターとそれ以外の人々との間には距離がありますが、僕としてはこうした取り組みの中で両者をつなぐハブのような役割が果たせればとても嬉しいと考えています。

スケボーがどういう風に地域や周りのコミュニティと関わっていけるかを考えることは、スケボーが市民権を得るために大切であると同時に、ワクワクする楽しい未来を創り出すことでもあります。もちろん、トライ&エラーを繰り返す可能性もありますが、街を遊び場に、楽しみながら難しいことに挑戦し続けることはスケボーの魅力にも通じます。そうして出来上がった未来の街と社会はきっと、スケーターだけではない全ての人が楽しんで自由に暮らせる場所になるはずです。

TALK SESSION 1

高校生で起業した実の姉、直美さんと語る「スケートボードと多様性」

岩澤直美 × SHIMON

著者の実の姉であり、「多様性に寛容な社会」を作ることをビジョンに高校生で起業した岩澤直美さん。現在も子どもへの教育や企業への研修を中心に事業展開する、「Culmony」の代表として活動している。「スケボー」と「教育」という全く異なるジャンルで活動し、姉弟それぞれが独自の考え方で目指す多様性の本質とは？

居場所があれば人にも優しくなれる

SHIMON（以下：S）　僕と直美の目標地点が似ている理由は、根っこにある原体験が、同じように子ども時代の経験から来ているからだと思うんだけど、僕とは違って、日本の学校からインター（インターナショナルスクール）へ転校するという逆の流れの場合、どんな感じだった？

直美さん（以下：直）　日本にいた頃は、学校でも習い事でも近所のスーパーでさえも、「外国人として見られる」ことについて我慢するのが当たり前の日常で、国籍とか人種関係なくみんな仲良すればいいのにと思いながら、「こうして社会って成り立っているんだな」という半分諦めのようなものもあった。それがインターでは見た目について言及されることが全くなくて、「やっぱり自分の思いは間違ってないんだ。ダイバーシティな社会は存在する」と気づけたことが、一番大きな衝撃であり原体験だったね。SHIMONは、居心地の良い環境から居場所のない環境へ移ったから、しんどかったんじゃない？

S　パークがなかったらかなりしんどかった。パークでは、素の自分でいられたから本当に救われたね。

直　子供の頃、パークでSHIMONを見たとき「居場所を見つけたんだ」と思ったんだよね。「自分が自分らしくいられる居場所」って、周りと違う誰かがいても排除するのではなく、それはそれで尊重するという見方がある場所のことで、この観点がダイバーシティで一番大事だと思う。自分の居場所があると、心に余裕ができて、他人に優しくできたり、他人の違うところをリスペクトできるようになる。

S　ぼくも「居場所」というものは意識して大切にしている。自分が今の活動をしているのも、当時の自分のような人が、スケボーによって居場所を作ることができればいいと考えているから。

好きなことや楽しいことをきっかけに異文化を理解する

S　高校3年生のときに直美が始めていた『KIDS'CLUB』は素晴らしいなと思って見ていて。あそこから活動が始まったと思うけど、やろうと思ったきっかけって何だったの？

直　当時は、東日本大震災の影響で高校生や大学生の間で学生団体が盛り上がっていて、「何かに問題

岩澤直美（いわざわなおみ）

1995年6月12日生まれ。チェコ生まれ、日本、ハンガリー、ドイツ育ち。「株式会社Culmony（カルモニー）」を立ち上げ、代表取締役に就任。「教育・研究」を通して、個人から企業、社会に至るまで多様性と異文化理解のための事業展開を始める。2020年3月に早稲田大学を卒業後、東京大学大学院の学際情報学府に進学。児童の異文化間教育や学習環境デザインについて研究する。

意識を感じたら動く」というふうに、自由に何かを始める人が多かった。学校も「できることをスモールステップでやってみれば」と応援してくれる校風だったから、気持ち的なハードルは高くなかったね。それで自分の考えを色々な人に話していたら、企業がバックアップしてくれたり協力者が増えていって、「これなら子どもたちが異文化を理解するための場を無料で提供できるんじゃないか」と思えたんだよね。

S　すごいなあと思いながら、自分も何かしなきゃといつもどこかで考えてたな。

直　大事なのは、多様性にネガティブな意見を否定していくんじゃなくて、「多様性があったほうがこんな魅力があるよ」ってポジティブな意見を発信すること。いろんな違いを受け入れたほうが人生が楽しいっていうことを知ってもらう機会を提供していくこと。それを意識しながら活動してる。

異文化理解って、多様性のない社会で生きづらさを感じている子であれば学ぶモチベーションもあるだろうけど、疎外感を感じたことがない子にとっては自分に直結しづらい話だよね。何か楽しいことをきっかけに学べば、より理解しやすいから、スケボーを入り口とした活動はすごく有効なやり方だと思う。

S　「個性」に重きを置いているスケボーカルチャーの本質に触れることで、無意識のうちに自由な感覚が身につくし、スケボーは国境の壁を超えて一緒に楽しめるもの。異文化理解にぴったりだと思う。

直　異文化というと、人種とか国籍の話と受け取られがちだけど、国内にも価値観の違いなどいろんな意味での多様性があるよね。そして、後者のほうが身近なのに実は見えていないことも多い。

高校で非常勤講師をしているんだけど、異文化の話を学生にしてもらったら、スケボーについて話しているグループがあって。アメリカではスケボーがすごくかっこいいイメージで見られているけど、日本では職質されるらしいよ、という話をしていて。「なぜ人や国によって、いろいろなものに抱くイメージがこんなに違っているのか」その根本を知るワークショップの題材としてもスケボーは非常に面白いテーマだなと思う。そういう対話をすることがお互いの理解につながると思うんだよね。

自分が知らない「異世界のもの」への恐怖心

S 今、オリンピックの影響もあってすごくスケートパークが増えていて、スケボーできる環境は整いつつあると思う。反面、スケボーで街中を移動するのはどんどん厳しくなってるし、スケボーを持って電車に乗ると、席が自分の横しか空いていない状況でも、人が避けて座らなかったりすることもある。もう少しスケボーという文化が理解されて、社会に溶け込めるようになればいいな。

直 それはスケーターの人数が増えたら解決する問題？ 例えば、地方ではコンビニに外国人の店員さんがいると、違うレジを選ぶ人もいると聞いたことあるけど、東京ではそんなことを気にする人はほぼいない。同じように母数が増えれば慣れてくるものなのか、それともまた全然違う意味での改革が必要なのか。

S スケボーの場合、50〜60代ぐらいの人と若い人でけっこう反応が違うので、年齢によって違うイメージを持たれていると思う。

直 若い頃から触れているかいないかの差は大きいかもね。日本の企業に勤める外国人も、同世代よりも上の世代とのコミュニケーションの方が難しいって言っている人がたくさんいる。外国人もＬＧＢＴに対しても、子どもの頃から知っている存在なら割りと受け入れやすいけれど、知らないものは「異世界のもの」として怖がってしまうんじゃないかな。

S 小さい頃から無意識に触れているかどうかは、すごく関係あると思う。実際、ぼくも小学校でインターへ行かずにずっと日本の学校へ行っていたら、比較するものもないから、社会に対する不満もなかったと思うし、そもそも気づかない。

人を無意識にカテゴライズしないように

直 無意識に触れているものによって作られていく偏見もあるよね。例えば、外国人が犯人のニュースで、事件の本質と関係ないのに、なぜか必ず国籍が報道されるとか。メディアがどう変わっていけるかも大事なポイントになると思う。

S 2021年の1月に文化財の錦帯橋をスケボーで滑った人がいて、その報道の見出しに「スケボー少年」と書かれていて、その人が悪いというより「スケーター」というカテゴリーが悪いというようにも見えかねなかった。バイク乗りに、普通の人と暴走族とがいることをみんな知っているように、スケーターのなかにもいろいろな人がいるし、むしろ文化財に対しての個人の考え方が問題の本質だと思う。

直 人を無意識にカテゴライズしないようにしていくためには、スケボーのカルチャーやライフスタイルを知る人と、ネガティブなイメージを持っている人、それと第三者的な人が、価値観をすり合わせたり対話を深めていくことが大事だよね。学校の中での教育もそうだし、SHIMONのようにYouTubeなどのメディアを通して伝えていくこと。それらがうまく連鎖していくといいなと思う。

CHAPTER 5
スケボーをはじめたい、そう思っている人へ

CHAPTER 5

スケボーをはじめたい、そう思っている人へ

現在のスケボーブームやオリンピックをきっかけに、この先、スケボーに興味を持つ人がもっともっと増えていくと思います。スケボーの楽しさや人生の充実を知っている自分からすると、「スケボーに少しでも興味を持ったのなら、今すぐにでも始めてみてほしい！」と思いますが、中には「自分には難しいかも」と迷っていたり、「何から始めたらいいのかわからない」と、なかなかスタートを切れない人もいると思います。

ここまでの章でもお話ししましたが、確かにスケボーのトリックは難しいし、トリックの応用や組み合わせまで考えると、シンプルながら奥が深いスポーツであることは確かです。でも、僕個人の意見としては、そういう難しいことを考えるのは、まずは一度始めてみてからでいいのではないかと思います。大切なのは、トリックのテクニックを学ぶことよりも、いかに「スケボーをライフスタイルにするか」です。スケボーがライフスタイルになってしまえば、トリックのスキルも自ずと後からついてくると僕は思います。「一生スケーター」になってしまえば、スケートライフは長いですしね。

最後の章では、スケボーを始めようか迷っている人や、初心者のスケーターたちに向けて、「スケボーをライフスタイルにするためのハウツー」についてお話しします。トリックのハウツーは言葉で書くよ

MDA skater
動画一覧

り動画で見てもらった方が分かりやすいと思うので、よかったらYouTubeの「MDAskater」のチャンネルを見てください。

始めるハードルはものすごく低い

スケボーって難しそうなトリックのイメージが強く、そこで敬遠されがちですが、実は始めるにあたって必要なものがものすごく少ない、ハードルが低いスポーツだと思います。

一般的な他のスポーツを例に話すと、チームスポーツの代表的存在であるサッカーなら、始めるにはまず、ボールなどの道具とそれなりの広さの空き地やグラウンドが必要です。ここまでは割と簡単に手に入りそうですよね。でも、ここからが少し大変で、競技としてサッカーを成立させるには自分以外にチームメイトが10人必要で、さらに相手チームも11人必要です。こう考えると結構エントリー難度の高いスポーツだと思います。

個人スポーツの分野で言うなら、マラソンや水泳はひとりで気軽に始められるものの、結構な距離を走る時間が必要だったり、プールという施設が必要だったりします。道具を使うスポーツだったらゴルフ。これも18ホールあるゴルフ場がないとその本当の楽しさを味わうことはできないと思いますし、費用もかなりかかります。

一方で、スケボーは次の条件さえ揃えられればすぐに始めることができます。

●道具はデッキとスケシュー[※1]でOK
●たったひとりで始められる
●家の前や駐車場でもOK
●パークは公営で無料、もしくは利用料が安い

この条件がすごいのは、これはスケボー初心者だけに当てはまることではなく、上級者はもちろん世界のトッププロになっても、以上で事足りるということです。これ以外の要素を強いてあげるとしたら、ストリートでスケボーする人の場合、「ストリートスポット[※2]が必要」という条件が加わりますが、これも街で見つけるものでお金がかかることではありません。

中でも僕が気に入っているのが「ひとりでできる」ということ。

朝、目が覚めてふとスケボーがしたいと思えばすぐできるし、学校帰りに滑りたいと思えばそれも可能。空き時間が30分できたら滑ることもできます。自分の気分に応じてすぐできて、隙間時間も有効に使えるようになる。チームスポーツにはないこの自由度は、学生の人たちはもちろん、仕事で忙しくて仲間となかなか集まれない大人にとっても、大きなメリットだと思います。

スケボーは、物質的にもスペース的にも、人数や時間、お金の面においても、とても間口の広いスポーツなのです。そして実は、冒頭で触れた「トリックの難しさ」という面でも間口が広い一面があるのですが、それはまた後でお話しします。

※1　スケートボードシューズの略称。普通のスニーカーと異なり、摩擦に強く長持ちするよう丈夫に作られている。
※2　階段や手すり、ベンチなど街なかにあるセクションのこと。

65歳ではじめるスケーターだっている

最近は、40代以上でスケボーを始めようと考える人が増えていて、そういう方からよく「スケボーを始めるのにベストな年齢はいくつまでですか?」という質問を受けることがあります。そんな時、僕はパークで知り合ったあるスケーターの話をしています。

そのスケーターがスケボーに出会ったのは、なんと65歳の時です。ランニングで海沿いを走っている時に、練習中のスケーターに偶然出会い、試しに乗らせてもらったところ、とても面白かったので自分でもスケボーを買って始めてみたのだそうです。当初はもちろんプッシュもできない状態だったわけですが、そこからすごく練習して、2年経った67歳の現在、50~60センチの段差を下りたり、ショービットなどトリックも色々メイクできるようになっています。彼曰く、「ランニングなど他のスポーツだと、昔の自分と比べてしまって『前はあんなふうにできたのにな』と寂しく思うことがあるけど、スケボーは何をしても自由だから〝今の67歳の自分が頂点〟。だから新しいことにチャレンジするモチベーションがすごく高い」と話してくれました。

この話を聞いて、僕は彼のことをシンプルにすごいと思ったし、ものすごくかっこいいスケーターだと思いました。僕は彼よりも10年以上スケート歴も長く、スケボーでは先輩になりますが、この姿勢にものすごく敬意を抱きました。CHAPTER3でお話ししたように、スケボーって絶対的な評価基準がないものなので、トリックの数や上手さ以外でも誰かに感動を与えられたら、それはスケボーとして成功なんですよね。なにより成功かどうか以前に、スケボーを始めたことでライフスタイルが充実している時点で、価値があることだと思います。自分が60代になった時、どんなふうにスケボーをしているかまだ想像できないけれど、必ず何かしらスケボーに関わっていると思うし、できればこのスケーターのように、常に新しいことにチャレンジし続けられるスケーターでいたいと思います。

まずはやってみたいスケボーにチャレンジ

スケボーには、一般的なイメージよりはるかに間口の広い様々な楽しみ方があります。例えばランプを使ったスケボーは、ある程度のテクニックを身につければ、フラットスペースでやるスケボーよりも力がなくてもトリックが出来ます。だからデッキを弾く力がまだ弱い小学校低学年の子や、オーリーでジャンプすることが体力的に辛い年齢が上の方は、ランプを中心にしたスケボーを楽しんでいることが多いです。元々ストリートで滑っていたけれど、年齢と共にランプに移行したという人もたくさんいます。もちろん、かなり年齢が上の人でもがっつりストリートスケートに挑戦している人もいます。一概に年齢で区切る必要もないと思うし、結局その人がしたいスケボーをする、ということが大事だと思います。

僕がよく行く駒沢公園スケートパークでも、小学校低学年から60~70代の人までいて本当に世代が幅広くなっているし、女性のスケーターもすごく増えて、みんな思い思いのスケボーを楽しんでいます。だから、もし年齢や技術を気にしてスケボーを始めることを躊躇している人がいたら、そんなことは気にせず、まずはやってみたいスケボーにチャレンジしてみる。そのあとで、自分の体力と相談しながら、モチベーションをキープできるスタイルを模索して欲しいと思います。冒頭でも言ったように、スケボーは楽しみ方の幅が本当に広いです。だからまずは始めてみて、いろいろスタイルを見て触れて、自分に合ったものを見つけていくのがおすすめです。

クルーザーから始めよう

いざスケボーを始めることになった時に、初心者の人がまず考えることは多分スケボー選びじゃないかと思います。でも、スケボーとひと言に言ってもその楽しみ方は様々で、始めるジャンルによって揃えるものも微妙に変化してきます。スケボーのジャンルをすごく大まかに分けると、街をスケボーで移動することを楽しむクルージングと、トリックを駆使してパークやストリートで楽しむトリック系に分かれ、その二つからさらに細分化したスケボーの楽しみ方があります。

始める時点で「こういうスケボーがしたい」というはっきりしたイメージがある場合は、それに合わせたスケボーを買えばいいのですが、漠然とスケボーをしたいと考えている人なら、まずペニーなどのクルーザー※3を購入することをお勧めします。

トリック系のスケボーは確かに今のスケボー界では主流だし、できるトリックも多種多彩です。でも、その分トリックを覚えるための努力が必要だし、スケーターにとっての最大の難関であるオーリーも待ち構えています。一方、クルーザーは安定感があって乗りやすく、ウィールも軟らかいので多少の段差

※3　クルージングに適した作りのスケボーのこと。多少の段差や凹凸も気にせず進んでいくソフトウィールが装着されているのが最大の特徴。Penny Skateboards（ペニースケートボード）は、70年代に流行したプラスチック製のスケボーを現代の技術によりアップデートしたクルージング用のスケボー（右写真）。

や路面の凹凸があっても車輪が詰まりにくくどんどんスムーズに進んでいきます。プッシュができるようになるだけで、ある程度自在に乗りこなせるようになります。このハードルの低さと、風を切って移動するスケボーの原点であるシンプルな気持ちよさを味わえるのがクルージングの最大の魅力。毎日の移動が楽しくなること間違いなしです。

クルージングで基本を身につける

クルージングの魅力は、始めやすいということだけではありません。道を歩いていると気づくと思いますが、道路や歩道の路面は道によって様々で、道路の継ぎ目などにある1～2センチのわずかな段差や、点字ブロックなど細かなギャップもあります。スケボーにはこうした小さな障害を越えていく細かなテクニックがたくさんあります。クルージングに慣れてくると、これらを身につけて、スムーズに街を流せることがどんどん楽しくなっていきます。

また、楽しんで滑っているうちに、プッシュも上手くなっていくし、スケボーを自在に操るための重心移動や路面状況に応じての対応力が磨かれていきます。スケボーを長くやっている人であれば、プッシュを見たらその人がどのくらいスケボーをしている人か、体の重心や軸の取り方や地面の蹴り方でわかるのですが、クルージングに慣れていると、こうした基本が出来てくるのでプッシュしているだけでかっこいいし、その後、トリック系のスケボーを始めても上達が早いと思います。

困ったときはコンプリートデッキ

最初からストリートでトリックをやりたいという明確な目標があったり、クルージングでスケボーにハマってトリック系に進みたいと思ったら、トリック用の「いわゆるスケボー」を購入することになります。スケボーは大まかに分けて3つの部品でできています。板の部分の「デッキ」、車輪の「ウィール」、デッキとウィールを取り付ける車でいうシャシーのような「トラック」です。この3つはメーカーやモデルによって細かな違いがあり、組み合わせ次第で自分好みのデッキを作ることができます。でも、スケボーを始めた最初の頃には自分の好みはわからないし、パーツをひとつずつ揃えるのは金額的にも高くなりますよね。そんな時に僕がお勧めするのは、スケボーブランドが販売しているコンプリートデッキです。

コンプリートデッキはブランドにもよりますが、大体1～2万円ぐらいでデッキ、ウィール、トラックはもちろん、細かな部品も一式組み込まれた完成品が手に入ります。これなら買ってきたその日からスケボーを楽しむことができますし、比較的安価とはいっても一流のスケボーブランドのパーツが使われているので、初心者がトリックを練習するにはクオリティも十分です。ここで一点注意したいのは、おもちゃ屋さんで売っているおもちゃのスケボーを買わないことです。スケボーブランド以外のところから販売されているこういった商品は、ウィールが全然回らずプッシュも満足にできなくてストレスがたまるし、デッキも弾かず、すぐに折れるので危険です。

デッキ

ウィール

僕も最初にスケボーを始めた時は、両親からプレゼントされたコンプリートデッキを使っていました。それで練習をしているうちにどんどんスケボーに興味が湧いてきて、有名なスケーターのセットアップを映像で見たり、インターネットで調べたりして自然に各種パーツの特徴や違いを知っていきました。それからひとつずつパーツを換えていき、気付いたらいつの間にか全てカスタムした自分のデッキが出来上がっていたというわけです。

自分のように、まずは手頃なものであったとしても、スケボーが好きになったら自然に情報を集めていくようになります。そこからカスタムを始めていくと、無駄も少なくて金銭的にも楽なのではないでしょうか。

見た目でデッキを選んだってＯＫ

デッキのパーツを換えていく時、どこで買うべきか。ネット通販ももちろん便利だし選べる種類は格段に増えますが、あまりスケボーについて詳しくないうちは、やっぱり専門のスタッフがいるスケートショップに行くのが一番いいと思います。

初心者が最初に換えることになるパーツは大抵デッキです。デッキはスケボーのパーツの中でも最も消耗が早く、オーリーを練習しているとテールの先端からどんどん削れて、丸かったテールが全体的に四角くなっていきます。こうなったら換え時です。

さて、実際にデッキを選ぶためにスケートショップに行くと、デッキを選ぶポイントのあまりの多さ

トラック

に、売り場の前で途方に暮れる人が多いのではないでしょうか。デッキ選びのポイントは大きく４つあります。

デッキ選びのポイント

❶グラフィック
デッキの裏に描かれた絵柄のこと。写真の場合もある。

❷サイズ
デッキの全長と横幅のサイズのことで主にインチで表記される。太ければ太いほどフリップなどの回転系の技がやりにくくなる。

❸キック
デッキの前後（ノーズとテール）それぞれにある反り返り。一般に反りが強いほど弾く際の角度が稼げるので、より高いオーリーがしやすいとされるが、その分弾くまでのストロークも長いので、初心者は不安定になりやすい。

❹コンケーブ
デッキの中央から左右両端へかけて付けられた緩やかな反り。反りが強いほど足が引っかかりやすくなるので回転系のトリックがやりやすくなるが、その分デッキの上に立った時の安定感がなくなる。

「グラフィックとサイズはわかる。キックはなんとなくイメージできる……でも、コンケーブって何？」

「キックやコンケーブが強いとか弱いとか言われても、それが一体どうスケボーに影響するの？」初心者の方の素直な感想だと思います。この4つを組み合わせて考えて、初心者が正しく判断して自分のベストなデッキを選ぶことは100％無理だと思います。そしてそれはスケートショップの店員さんにも無理です（笑）。ちなみに、スケボー歴10年の自分は……グラフィックとサイズ以外はほとんど気にしていません。コンケーブやキックの微妙な変化ならどんなデッキを使っても、しばらくすれば大体慣れるからです。もちろん、ものすごくシビアな世界で滑っているプロスケーターならほんの1ミリの違いが滑りに大きく影響することがあるかもしれませんが、そうでない場合、少し勝手が変わるけどそれもまた新鮮でいいなと感じるぐらいなのです。

あえて、デッキの選び方について誰でもできる失敗しない選び方をお教えできるとすれば、あまり幅が太すぎたり長すぎたりするとデッキ自体が重くなってその分扱いが難しくなるので、太すぎず長すぎないものを選ぶこと。インチで言うと成人男性なら7・75～8・25インチまでの間がそれに当たります。また、コンケーブが強いとその分デッキの上での足の裏の接地面が少なくなるので、最初のうちは緩めのコンケーブを選ぶと良いと思います。キックについては、これもテールを弾くためのモーションは浅いほうが初心者はやりやすいので、緩めのものがおすすめです。最初のうちはスケートショップで買ったほうがいいと言ったのは、ショップの店員さんがこれらの基本的なことを教えてくれて、数ある在庫の中から初心者向けのものをいくつか選んでくれるからです。

さて、初心者向けのデッキをいくつか選んでもらったら、さらにそこから絞り込む必要があります。そのためにおすすめする方法は次の二つです。

まずは、「足で踏んでみること」です。大抵のショップなら靴を脱げば踏ませてくれると思うので、実際に両足でデッキの上に立ってみて自分の足に直感的にしっくりくる方を選べばOKです。

もしそれでも選びきれなかったら、あとは「気に入ったグラフィックで選ぶ」ことです。気に入らないグラフィックではそもそもモチベーションが上がりませんから、実はこれが一番大事だったりもします。個人的な意見でいえば、その他の要素は全て無視してグラフィックだけで選んでも全然OKです。この、道具の性能よりもグラフィックのみで選ぶということが良しとされる価値観があるのも、他のスポーツにはないスケボーならではの考え方で、僕はとても好きです。

スケボーはスケーターの個性を表す分身

その他にも、トラック、ウィール、ベアリング、デッキテープ、ビスやナットなどのパーツがあり、それらの組み合わせでスケボーは構成されています。パーツそれぞれにはブランドやモデルごとに特徴があり、それを自分の好みやスケートスタイルに応じてセレクトしてデッキを作り上げていきます。これについての選び方は本当に千差万別だし、ここで僕がおすすめのブランドをあげたとしても、それがその人にとっていいものかどうかはわかりません。

例えばトラックも「INDEPENDENT」「VENTURE」「THUNDER」という代表的な3ブランドがありますが、これも使う人の好みやスケボーのスタイルによってまちまちです。この中から自分に合ったパーツを見つけていくにはそれなりの時間や経験が必要で、いくつかのトラックを乗り継ぐうちに見つけられるかもしれないし、憧れのスケーターと同じものを使ってみるのも選び方のひとつ。友達の使っているものを貸してもらって自分に合うものを吟味していくのもいい方法だと思います。

ここでそれぞれの部品について細かく説明することはしませんが、面白いのはパークにどれだけたくさんのスケーターがいても、必ず全員が違うセットアップのスケボーを持っていて、かぶったことが一度もないこと。僕はスケートパークへ行ったら友達のセットアップを聞いて参考にしたり、他のスケーターのデッキには注目して見ている方ですが、それでも一度もかぶったことがありません。万が一、デッキが同じものだったとしてもトラックが違ったりウィールが違ったり、どこかは必ず違います。

でもその違いは、偶然ではなく必然で、スケーターそれぞれの体形やトリックの癖に始まり、好きなスケーターのタイプとそれを決める美意識、今までやってきたスケボーの内容や考え方、さらには好みの色や影響を受けた文化など、その全てが合わさってデッキを選び、トラックを選び、ウィールを選んでいるのです。つまりスケボーとはスケーターの個性を表す分身のようなものだということです。

トリックをマスターすることだけがスケボーではない

実際にスケボーを始めていくに当たり、多くの人が考えるのが、どんなトリックをどんな順番で練習していけば良いのかということや、自分はどこまでトリックができるようになるのかということだと思います。でも、僕があえて最初に伝えたいのは、「トリックをマスターすることだけがスケボーではない」ということです。

確かにトリックができるようになればその分スケボーでできることが増えて、スケボーライフが充実するし、練習して新しいトリックができるようになった時の感動は言葉では言い表せられないものがあります。でも一方で、スケボーにはそれだけを目標にしてしまうのはもったいないほど多彩な魅力があります。それらを味わわずに、たったひとつのトリックができないというだけでスケボーから離れてしまうのは、あまりにもったいないと思うのです。

大切なのは、「自分にとって、スケボーの何が一番楽しいか」という、ただその一点だと思います。新しいスケボーのトリックを覚えることがモチベーションの人もいれば、シンプルにスケボーに乗ってプッシュすることがモチベーションの人もいます。一方でスケボーで世界のトップを目指すことをモチベーションにしている人もいれば、そんなトップスケーターを映像に収めて作品を作ることをモチベーションにしているスケーターもいる。また、スケボーに乗ってコミュニティに属していることがモチベーションという人もいます。さらに言えば、このいくつかを同時にモチベーションにしていたって構わない。自分の大切にしたい部分を自分で理解しさえすれば、それぞれ自分の満足できるスケーターとしてのスタンスが見えてきて、人と比べて落ち込んだりする必要もなくなります。もっと自由にスケボーを楽しむことができるようになります。そしてそれがいつしか自分のスケボーライフになります。

スケボーは多様性を認めてくれる懐の広いスポーツだと思います。トリックの壁につまずいた時に、たまにこのことを思い出してもらえれば、きっと肩の力が抜けてトリックに向き合えるので、結果的にトリックをマスターすることの近道になる気がします。

騙されたと思ってパークに行くべき

スケボーをライフスタイルにする上でも、トリックを上達させる上でも、誰にでもできる絶対におすすめの方法がひとつだけあります。これだけを勇気を出して実践すれば、誰でもスケボーがうまくなるし、スケボーを人生の宝物にすることができるようになります。

それは「スケートパークに行くこと」です。

CHAPTER1でお話ししたように、スケボーを始めた当初、僕は家の前の道路でひとり黙々と練習を続けていました。その時僕が練習していたのは、オーリーやショービットなどのフラットトリックなので、実際はパークでなくとも練習は可能です。でも、両親に勧められたスクールをきっかけにパークに行くようになって、トリックの上達以上のものをたくさん手に入れることができました。ここでは、僕がパークでもらったものをわかりやすく説明していきます。

❶コミュニティができる。
❷上達が格段に早くなる。
❸スケボーを取り巻く様々なカルチャーに触れられる。
❹スケボーがライフスタイルにまで昇華される。

この4つはそれぞれ独立しているように見えて、全てがつながっています。その全ての大元になるのが、パークの最大のメリットであり魅力である、コミュニティが広がること、つまりスケボー仲間ができるということです。

まず大前提として、仲間たちと一緒に練習することで、モチベーションが上がります。同じようなレベルの仲間と一緒に、試行錯誤しながら毎日練習するのはとても楽しい時間です。スケボーという個人スポーツは、誰かとタイムを競い合うスポーツでもなければ、対戦して勝敗を決めるスポーツでもありません（大会やスケートゲームは別）。それぞれが思い思いのトリックに挑戦して、お互いを認め合いながら上達していくことができる数少ないスポーツだと思います。

それに仲間ができると、トリックの練習以外でもスケボーの話をしたり、パークの外でも遊んだりすることが増えて、生活の中にスケボーがどんどん入り込んでくるのがわかります。こうなってくると、寝ても覚めてもスケボーのことを考えている状態まであと一歩。スケボーを取り巻くファッションやカルチャーにまで興味を持つようになると思います。

上級者は惜しみなく教えてくれる

パークには必ず常連の上級者がいるので、パークに行きさえすればスケボーのスキルは必ず上がります。なぜ自信を持って言い切れるかというと、スケボーって不思議なもので、上手い人の滑りを見ているだけで、自分がつまずいているトリックのイメージを掴めることがよくあります。実際、僕は上級者の滑りを見にいくためだけにパークに行くこともありました。

例えばオーリー。上級者の後ろからプッシュでついていって、その人が跳ぶのを見たすぐ後にその人と同じタイミングで跳んでみてください。たったそれだけなのに、今までと全然違って大して力もかけてないのにうまく跳べたりします。多分、オーリーで最も習得するのに苦労する「オーリーのタイミング」をトレースすることで、驚くほどうまく跳べるようになるんだと思いますが、別に教えてもらわなくても見ているだけでうまくなる、そんな嘘みたいな効能がパークにはあります。

さらに、パークにいるうまいスケーターは、初心者からトリックのやり方を聞かれたら必ず教えてくれるので、飛躍的にスケボーの上達が早くなります。よく「初心者はうまい人に馬鹿にされそう」という不安の声を聞きますが、スケーターって、自分も初心者だった頃にめちゃくちゃ苦労してスキルを身につけた人が多いので、みんなできない人の気持ちがよくわかるんです。難しくて自分も苦労したから、今からそれに挑戦しようとしている人を助けたいという気持ちは絶対にあります。

そもそも、人に教えられるほどにスキルを身につけている人はスケボーそのものを深く愛しているので、みんなに続けてほしいという気持ちが強く、快く教えてくれることがほとんどだと思います。少なくとも僕の知る限りでは、スケボーを教えたくないという上級者はいませんし、僕も聞かれたらもちろん教えます。

トリックを掛け算式に増やしていく

当たり前のことですが、パークは様々なセクションがあって公に滑れる場所なので、練習環境としてもベストな場所です。パークにいるうまいスケーターに教えてもらって、上達のスピードが格段に早くなっていく中で、人の目やその他の障害物がない安全な状況で目の前にあるボックスやレールにすぐチャレンジできるって、普通に考えてこれ以上ない贅沢な環境だと思います。

この環境があれば、オーリーひとつできるようになるだけで、50-50にすぐにチャレンジすることができるし、トリックが増えれば増えるほど、コンビネーションも含めて掛け算式にできることが増えていくので、一気にスケボーの世界が広がっていきます。

例えば、オーリーができたら、レッジを使って50-50と5-0※4に挑戦できるようになり、さらにキックフリップに慣れてフリップイン※5ができるようになれば、キックフリップ50やキックフリップ5-0とか、いろんなフリップインからのトリックに挑戦できるようになります。レッジから出る時の「アウト」※6も考えるとさらに増えます。こんなふうに掛け算式でトリックが増えていくと、仲間内で自分にしかできないトリックが出てきたりするので、こうなってくるともうスケボーから離れられなくなります。

こんな素晴らしい環境を無料で（あるいは安価で）与えてくれるパークを使わない手はありません。

パークにいる多種多彩なスケーターたち

パークにいる年齢層は年下から年上まで本当に様々です。初心者が知らない様々なことを彼らから学ぶことができます。

※4　「ファイブオー」と読む。板のノーズ側を上げてウイリーするマニュアルという状態で50-50するトリック。
※5　「イン」はセクションに入ること。フリップインは即ち、セクションにキックフリップなど回し系の技で入ること。
※6　セクションから離脱すること。

パークに行っていなかった頃、僕にとってのスケボーは、「トリックを練習して、テクニックを身につけていくことだけが目標」でした。でも、パークに通うようになり、スケーターとのつながりが増えていくにつれ、徐々にスケボーというものはスキルを上げることが全てではない、もっと人生全体に根を張る大きなものだということが自然とわかってきました。それは、パークにいるスケーター個人個人のライフスタイルと、そのバックボーンにある様々なカルチャーを知るうちに見えてきたことです。

僕がよく行く駒沢公園スケートパークは、歴史もあって都内では有名なパークなので様々な年齢層の人が来ます。小学生とか中学生の若いスケーターは純粋にスケボーするために来ていることが多いと思いますが、40~50代のスケーターは軽く滑った後は集まったメンバーでのんびり音楽を流し、ビールを飲みながら話す、そんなゆるい感じで楽しんでいる人たちもいます。彼らのまわりからは90年代のレゲエが流れていたりして、そんな様子から彼らの世代のスケボーライフとカルチャーを垣間見ることができます。また、パークのもう一角に行けば30代のスケーターが休んでいて、割と最近のヒップホップが流れていたりします。そんな世代ごとの文化がひとつの場所に混ざって存在している感じもすごく面白いし、彼らと交流することで知らなかった音楽や文化に出会えることもあります。

もちろん自分と同世代のスケーター同士でも、お互いのプレイリストからおすすめの曲を教えあったり、様々な刺激を受けることができます。僕の場合、同世代からは特にファッションの分野で影響を受けました。それは単純にどのブランドがいいとかそういうことよりも、周りにいるスケーターを見た時の「こんなに自由に服を着ていいんだ」という感動から、「自己表現のためのファッション」を学んだ感覚です。

全てのスタイルが存在している集大成的な時代

初心者の方から質問が多い、「スケーターのファッションについて」もここで少しお話ししておきます。全体的なトレンドはあるにせよ、現在のスケーターファッションには明確にこういうファッションをすべきという決まり事は全くなくて、自分がかっこいいと思った服を着ていればかっこいい、というすごく自由な時代になっている気がします。30年前に日本に到来した90年代のスケボーブームを体感したスケーターが言うには、当時はスケボーのトリックもファッションも流行り廃りが明確にあったけれど、その後30年の間に双方ともにすごく細分化されていったため、現在はこれまでに流行してきた全てのスタイルが同時に存在している、集大成的な時代なんだそうです。

実際、駒沢公園スケートパークにもダボっとしたサイズ感のファッションの人もいれば、タイトな服の人もいるし、そのどちらにも当てはまらないオリジナリティ溢れる様々なファッションのスケーターが大勢います。初心者の方はあまりそこは気にせず、着たい服を着ればいいし、他のスケーターから影響を受けながら自分のスタイルを見つけていけばいいと思います。そういう意味では、今はスケボーで自己表現するには一番良い、楽しい時代なんじゃないかと思います。

パークから広がっていく人脈

もし、これを読んでいる人の中に、将来プロスケーターを目指していたり、僕のように何らかの形でスケートカルチャーの中で生活していきたいと考えている人がいるなら、パークはスケボー業界との人脈ができる貴重な場所でもあります。スケートショップやブランドの輸入代理店に勤めている人や、スケートの映像を撮っている人など、スケボーに関わる仕事をしている人は基本的にみんなスケボーをやっているので、スケートパークへ行ったら絶対に何人かと自然に知り合ったり、紹介してもらえたりして親しくなることができます。

スケボーのコミュニティって日本ではまだまだそんなに大きくはないので、全国規模でも大体みんなつながっているし、その中で仕事が回っているので、パークでしっかりコミュニケーションをとれば、割とすぐにシーンの中心に近い人たちと知り合うことができると思います。パークでできた人脈は、スケボーで生活していこうと考えている人にとってはすごく大事な財産になりますし、可能性をもっと広げてくれます。

またスケボー業界以外でも、クリエイティブ系の仕事をしていたり、そういう業態とつながっていたり……スケボーをきっかけに、普段知り合わないジャンルの人と出会えるのも魅力です。僕が自分のブランドを立ち上げて洋服作りを始めたのも、パークで知り合ったスケーターたちの影響が大きいです。他にも映像を撮っているスケーターと知り合って自分のビデオパートを作ることができたり、その逆で撮影したかったプロスケーターの映像や写真を撮れたりと、パークから新しいカルチャーが生まれていくこともたくさんあります。

パークに行くことは、スケートライフにとって良いことずくめです。僕自身、小学校時代にパークに行って以来、ずっと通い続けていますし、いまだに新しいスケボーの魅力に気づかせてくれたり、自分の新しい可能性を見つけられるのはパークでの出来事が多いです。また、様々なスケーターとのつながりができる中で、その人の過ごし方や生き方から、スケボーというものがライフスタイルに直結しているものであることを自然と知ることができます。

僕に限って言えば、「スケートパークへ行くことがスケボーであり、スケボーの本当の楽しさは全てパークにある」と言っても言い過ぎではないと思っています。騙されたと思ってもらっていいので、ぜひ近所のパークに足を運んでみてください。

ERASED
PROJECT
RAIZIN

TALK SESSION 2

スケートボードの課題と可能性

乙武洋匡 × SHIMON

障害者が健常者と同様に暮らせる、バリアフリーな社会を目指し続ける乙武洋匡さん。乙武さんが初のスケボーに挑戦するコラボ動画もYouTube上で公開したこともあるふたりが、障害者、スケーター、そのほか全てのマイノリティーが幸せに暮らせる、多様性のある社会の在り方について、それぞれの視点から語る。

障害者に可能性を秘めたツール

乙武さん（以下：乙）　よく、「スケボーは不良の遊び」というイメージが定着していると聞くけど、僕の場合は実は全くそれがないんだよね。というのも、僕は初めてスケボーを意識したきっかけは、子どもの頃に放映されていた「ケニー」っていう、アメリカの障害者の少年が主人公の映画だったんだよね。

ケニーさんは実在の人物で、完全に下半身がない彼がスケボーに乗って旅をするロードムー

乙武さんに
スケボー
教えてみた!

ビーだった。だからスケボー＝不良の遊びというよりも、「障害者にとってめっちゃ可能性を秘めたものなんじゃないか」っていうイメージを強く持っていたんだよね。自分も意外とできるかもしれない、やりこめば結構上達できる可能性はあるんだと思えたのが、発見だったね。

S　脚がほぼない方で結構なすごい技をやっているスケーターもいて、脚がないからこその得意技もあったりします。他にも視力に障害を持っている方が杖を片手で使いながら、かなり難しいトリックをさらっとやっていたり。スケボーの間口の広さかもしれないです。

乙　障害と一口に言っても、いろんな障害があるけれど、少なくとも僕のような「欠損」と呼ばれる人間にとっては、意外に相性がいいツールなのかなっていう気がするね。

　あと、イメージが変化したといえば、最初はスケボーのことを「乗り物」と認識していたけど、たった2時間ぐらいやっただけで、乗り物っていう感覚ではなくなった。多分もっとやり込んでいくと、体の一部みたいな感覚になっていくんだろうなと。だからスケーターは、よりスケボーを乗り物っていう感覚では捉えてなんじゃないかなっていう気がしたね。

時間を必要とせず仲良くなっていけるのに驚いた

S　スケーターは乗り物やアクティビティというよりは、「ライフスタイル」として捉えてる人が多いですね。朝、家を出るときに「スケボーする予定は全然ないけどとりあえず持ってないと不安」ぐらいにスケーターは思ってます（笑）。

乙武洋匡（おとたけ ひろただ）

1976年4月6日生まれ。大学在学中に出版した『五体不満足』がベストセラーに。卒業後はスポーツライターとして活躍。その後、教育に強い関心を抱き、新宿区教育委員会非常勤職員「子どもの生き方パートナー」、杉並区立杉並第四小学校教諭を経て、2013年2月には東京都教育委員に就任。教員時代の経験をもとに書いた初の小説『だいじょうぶ３組』は映画化され、自身も出演。続編小説『ありがとう３組』も刊行された。おもな著書に『だから、僕は学校へ行く！』、『オトことば。』、『オトタケ先生の３つの授業』など。2014年4月には、地域密着を目指すゴミ拾いNPO「グリーンバード新宿」を立ち上げ、代表に就任する。2015年4月より政策研究大学院大学の修士課程にて公共政策を学ぶ。

乙　コミュニケーションツールとしてもすごく機能しているよね。僕がメルボルンに滞在していた時に遊びに来てくれたことがあったけど、僕の現地の友人と共通の趣味がスケボーだったというだけで1日ですぐに打ち解けていたよね。僕は2〜3週間前に知り合ってそれなりの仲になっていたんだけど、スケボーは時間を必要とせず仲良くなっていけるのに驚いた。

S　学校や仕事場で知り合う人同士って、生活の共通点ってそこまで多くなかったりするじゃないですか。でもスケーター同士は頭の中がほぼスケボーに支配されているので（笑）。1日の過ごし方とか、好きなものとか、深い部分で共通点がすごく多い気がします。

あと、言語が通じなくても、「そのトリック出来るんだ」とか、スケボーで盛り上がれるし、体を動かす中で繋がるので、ボディランゲージでコミュニケーションできるのも大きいです。

良い意味で他人に無関心

乙　自分以外のスケーターに最初に知り合ったのはいくつの時？

S　小学校6年生の時にパークで一緒に滑っていたのは全員35歳くらいの社会人でしたね。

乙　社会人ばかりだと、最初はさすがに「あれ？お前今日学校は？」とか言われなかった？

S　それは一度も言われた記憶がないです。パークでは何の気も使わずに、それぞれがスケボーを楽しむという雰囲気があって居心地がよかったですね。

乙　僕が思う多様性っていくつかあるんだけど、そのうちのひとつが、「良い意味で他人に無関心」なことだと思うのね。逆に言うと自分の価値観を他人に押し付けようとすることが多様性が認められていない状態だと思う。

SHIMONも人に対して寛容だけど、何かを押し付けてくる人だけは結構苦手じゃない？スケボーやってる人の共通点として、良い意味で他人に無関心で、スケボーっていう部分で繋がってさえいれば、相手の国籍が何だろうと、皮膚の色が何色だろうとどうでもよくて、ましてや平日に学校に行ってるか行ってないかなんて何の問題にもならない。つまりスケボー以外の要素はどうであろうと関係ないと思っている人たちが多かったりする？

S スケーター同士って、一緒に滑っていても全員がそれぞれ違うトリックをするので、スケボーでさえ自分の価値観を押し付けることはないです。相手のトリックは褒めるけど、自分はこのトリックが好き、みたいな。それが直接プレーヤーの性格にも表れていると思います。

「悪いイメージ」が取り締まる理由になってはいけない

乙 多くのスケーターは、パーク内という制限された場所の中だけでなく、もっと自由に街中でスケボーができる環境っていうのを望んでいると思うんだけれど、今現在、一部のマナーの悪いスケーターの存在によって反感を買って自由に滑れる場所がどんどん阻害されている。

そうすると当たり前の感情として、「お前らがちゃんとマナーを守って誰にも迷惑かからない形で滑ってくれてたら、みんながもっと楽しめる環境を守れるのに」って考えると思う。

でも、それを糾弾すると価値観を押し付けることにもなっちゃう。そのあたりについて、矛盾が生じてくることに怖さや難しさがあったりしない？

S　そこは、線引きも含めて難しいところです。誰でもストリートでプュシュしたことはあるだろうし、そこにスケボーの魅力の一端があるのは事実なので。

でも、アンダーグラウンドなカルチャーが全部なくなっていいのかというと、それもまた違うなと。有名なところではバンクシーとか、ストリートから生まれる新しいカルチャーがあったりするので、それを全部なしにするというのは社会的にすごい損失だと思います。

アンダーグラウンドだったスケボーがオリンピック以降、オーバーグラウンドになった時に、社会といかに建設的な妥協点を見つけていくか、みんなで考えることが必要ですよね。

乙　ちょうど同じことが、今のコロナ禍における様々な話ともリンクしてくることだと僕は思っていて。例えば、今年（２０２１年）の春頃にメディアを賑わせた「路上飲み」をめぐる議論が少し怖いなと思って見ていたの。

まず路上飲みがいいかどうかといえば、感染リスクやマナーという面を考えればやっぱり避けたほうがいいことかもしれない。

でも、「取り締まる」べきかというと、僕はノーだと思う。というのは「3密を避けろ」と言われ続けていた中でいえば、路上は密閉された空間でもないし、そこまで大人数でやることでもないので、3密のうちの「密接」ぐらいにしか当てはまらないと思うんだよね。路上飲みが、感染拡大にどれだけ強い影響を与えているのかという科学的検証がないままに、なんとなくイメージが悪いからって即法律で禁止ってしてしまっていいのかと思うし、もっと言えば法律で禁止されてもいない段階から、警察が見回りをして取り締まるとしたら何の権限で、と思う。

そういうふうに、人々がイメージの世界でよくないと思ったものをすぐにルール化して禁止しようとすることに対して、社会はもっと慎重になるべきだと僕は思っているし、個人の自由や権利というものは何よりも大切にされるべき。どうしてもそこに手を出さなければならないとしても、それは最後の手段であるべきだと僕は思っているの。

それがスケボーの話とも通じると思っていて。日本人の一定数がスケボーに対して持っている「不良がやる遊びでしょ」っていう悪いイメージ。それが、個人の自由と権利を侵害してまで法律で取り締まる理由にはならないと思うんだよね。

法律を作るなら、実際にスケボーがどれだけ危険なのかを検証した後にするべきで、スケボーが起こしている事故の数と自転車が起こしている事故の数、どっちが多いか調べたら圧倒的に自転車だと思う。それでも「自転車禁止」という理論にはならないのに、スケボーは公道禁止というのは全く検証に基づかない、イメージで語られているだけだよね。

スケボー界のオピニオンリーダーが必要

S　路上飲みもそれを規制したところで飲みたい人が減ることはないわけで、スケーターも規制したところでスケボーやっている人が減るわけじゃない。それを真っ向から規制してしまったら、それこそスケボーが完全なカウンターカルチャーになってしまって一切対話も行われず、本当の意味で社会と断絶することになってしまう気がします。

乙　解決策のひとつとして、これまでのスケボーカルチャーとしては、社会のルールや仕組みを作る側にはまわっていかないことが、ある種のかっこよさみたいなところもあったと思うんだけど、そのこだわりは捨てて、スケーターがもっと街のルールだったり街のシステムを作る側にも入っていくことが重要になってくると思う。

S　率先して意見を言える環境を作っていきたいですね。まちづくり以前にスケートパークづくりで言っても、パークづくりにスケーターがあまり関わっていないケースも多くて、いざ出来上がるとあまりスケボーに適していなかったりという、もったいない話も見かけられます。

乙　それって障害者の文脈でも全く同じ。例えばどこかの建物にスロープを付けてくれたものの、あまりに急勾配で、どうやっても車椅子で登れないものができてしまうというケースもある。それと一緒で、行政側もちゃんと滑れるところを作ろうよってことでせっかく動いてくれているなら、もっとそこにスケーター達自身が積極的に関わって多くのスケーター達に愛される場所にする。そういう働きかけは、今後必要になってくるとは思うんだよね。

S　スケーターって「パンクな精神」が文化的にも歴史的にもあるんですけど、僕が思うのは、パンクなのは個人の生き方やスケボーに対する姿勢だけで十分で、国や公に対してパンクである必要はないと思うんですよね。そういうマインドが、スケーターと行政側が分断されている状況を作り出しているところはあります。

乙　スケボー界のオピニオンリーダー達が「スケーターも街の中に住む市民のひとりとして公の中で生きていけるようにする」という動きをしてもいいかもしれないね。ＳＨＩＭＯＮの活動もまさにそのひとつだよね。

ＳＨＩＭＯＮに聞いてみたかったのは、僕も日本に多様性を根付かせたいと長く活動してきたんだけど、ある時期ちょっと心が折れて。そんな時に海外を旅したら、日本以上に多様性が根付いている社会があって、「日本でしゃかりきに活動するより、移住したほうが早いんじゃないか？」って思ったことがある。そう考えるとスケボーの場合、ちゃんと市民文化として定着している国っていくらでもあるわけで。そっちに移住しちゃおうとは思わないの？

Ｓ　まず、日本の仲間が好きだっていうことが一番です。自分の周りの仲の良いスケーターたちが日本にいて、彼らがここで生きようとしているのでそれをサポートしていきたい。ぼくだけ海外へ行って自分だけ幸せになっても、すぐ飽きると思うので（笑）。

乙　なるほどね。やっぱりスケボーは人を繋ぐツールとして強いね。ＳＨＩＭＯＮはルーツに持っているヨーロッパ的な個人主義に親しんできた部分と、主に育ってきた日本の、比較的団体主義で社会に個人が合わせていく文化の両方を知ったうえで、フラットな目線で落とし所を考えられる稀有な存在だと思う。跳ね返ってくる意見もまた多様性として受け止めながら、ＳＨＩＭＯＮにしか見えていない景色から、ＳＨＩＭＯＮにしか発信できないメッセージを発信していってほしいね。

あとがき

数年前、僕は東京駅で警察官に職務質問されました。
理由は僕がスケートボードを持っていたから。ですが、今にして思うと本質的な理由はスケボーではなく、人種や文化の違いや不理解から生まれる、ちょっとした誤解だったように思います。

日本社会とスケボーの今後の在り方は、当然、僕ひとりで導き出すことは難しい問題です。僕はこれからも、パークにいるスケーターや自分のスケボー仲間たち、オンラインサロンのメンバーや自分と世代の異なるスケーター、さらに活動を通じて知り合った行政や地域のコミュニティなど、スケボーとは全く違う世界で生活する人たちとも意見交換を続けていきたいと思っています。正解はなかなか見つからないかもしれません。でも、スケートボードとともにある社会や、スケボーがこれからの世界のためにできることを、スケーターたち自身が考えていくこと。そして、多様な価値観を持つ人それぞれの立場に立ってコミュニケーションを続けることが、アイスブレイクするための一番の方法だと思うのです。そしていつか日本でも、ヨーロッパのように路上でトリックを決めたスケーターを道ゆく人や警察官が拍手で称賛してくれる、そんな光景が見られるかもしれません。

もっと自由にスケボーを楽しむことができる社会になれば、かつて僕がそうだったように、スケボーと仲間に救われる人が増えていくと思います。いつしかスケボーの持つ自由な精神や、多様性を認め合う心が世界中に広がって、どんな人も自分らしく暮らせる心地よい世の中がやってくるといいな、そんなことを考えています。なにより「遊び」でもあり「スポーツ」でもあり「文化」でもあるスケートボードの魅力を、人生がこんなにも豊かになるスケボーをもっとたくさんの人に知ってほしいのです。

最後に。
この本を手にとっていただき、ありがとうございました。
皆さんの人生が、スケートボードによってさらに彩り豊かなものになりますように。

2021.6
SHIMON

僕に居場所をくれた
スケートボードが、
これからの世界のために
できること。

発行日 2021年7月30日　初版発行

著者　SHIMON

企画・構成　篠田享志（NEO PUBLICITY）
装丁　高田正基（valium design market inc.）
撮影　ヤオタケシ／堀宏之
校閲　髙坂智子

協力　RAIZIN SKY GARDEN by H.L.N.A（03-5579-6991）
ペニースケートボードジャパン（info@sunglow.co.jp）

SPECIAL THANKS：石塚拓也／高萩 翼／宮島 健

編集　阿部慎一郎

販売　野々村晃子／野路学
製作　佐々木亮／杉野明日香

発行人　木本敬巳
発行・発売　ぴあ株式会社 中部支社
〒461-0005 名古屋市東区東桜2-13-32
[代表]052-939-5555　[編集部]052-939-5511
ぴあ株式会社 本社
〒150-0011 東京都渋谷区東1-2-20 渋谷ファーストタワー
[大代表]03-5774-5200

印刷・製本　凸版印刷株式会社

ISBN 978-4-8356-4605-3